北京林业大学林学院

『五分钟林思考』课程思政工作室成果集

石彦君 马静 李扬 房良 主编

中国林业出版社

图书在版编目(CIP)数据

北京林业大学林学院"五分钟林思考"课程思政工作室成果集／石彦君等主编. —北京：中国林业出版社，2023. 11

ISBN 978-7-5219-2421-3

Ⅰ.①北…　Ⅱ.①石…　Ⅲ.①大学生-思想政治教育-研究-中国　Ⅳ. ①G641

中国国家版本馆 CIP 数据核字(2023)第 226334 号

责任编辑：杜　娟　李　鹏
封面设计：朱麒霖

出版发行：中国林业出版社
　　　　　(100009，北京市西城区刘海胡同 7 号，电话 83223120)
电子邮箱：cfphzbs@ 163. com
网址：www. forestry. gov. cn/lycb. html
印刷：中林科印文化发展(北京)有限公司
版次：2023 年 11 月第 1 版
印次：2023 年 11 月第 1 次
开本：787mm×1092mm　1/16
印张：11
字数：215 千字
定价：80. 00 元

编 写 组

主　　编：石彦君　　马　静　　李　扬　　房　良

副 主 编：孙玉军　　黄华国　　石　娟　　耿玉清　　刘　勇
　　　　　贾黎明　　徐程扬　　苏淑钗　　闫　飞　　向　玮

编　　者：（按姓氏拼音排序）

敖　妍　　白　倩　　曹一博　　陈　玲　　邓华锋

高焕然　　高露双　　耿玉清　　郭超群　　郭素娟

何　晴　　侯泽海　　侯智霞　　黄华国　　贾黎明

靳豪杰　　李国雷　　李林源　　李素艳　　刘琪璟

刘　勇　　孟　冬　　孟繁丽　　孟京辉　　孟秋实

彭道黎　　彭祚登　　漆建波　　沈　亲　　石　娟

宋翔宇　　苏淑钗　　孙永江　　孙玉军　　陶思齐

王海燕　　王佳茜　　王新杰　　王轶夫　　向　玮

闫　飞　　熊典广　　杨　华　　杨钦淞　　杨　清

游崇娟　　岳　攀　　张凌云　　张乃莉

祖木来提·艾克木

前　言

习近平总书记在全国高校思想政治工作会议上对于专业课的课程思政工作提出了明确要求。党的二十大报告指出："育人的根本在于立德。"新时代落实立德树人，课程思政是重要办法之一。好的课程思政，犹如盐溶于水，在潜移默化、润物无声中传播正确价值观，引导学生健康成长成才。

"五分钟林思考"课程思政工作室建设是北京林业大学林学院贯彻落实全国高校思想政治工作会议精神的重大举措，是林学院开展"三全育人"综合改革试点的重要内容，是森林经营和森林保护两门课程在全国高校"黄大年式教师团队"建设中的创新实践，是林学院推进"一流"学科建设、培养林学"一流"人才的重要抓手。

北京林业大学林学院课程思政工作的开展起始于 2010 年，部分教师在林学专业课程(如"森林培育学 B""植被定量遥感技术专题"等)中融入森林情怀、林人品质、科学精神等育人元素。2017 年，按照习近平总书记在全国高校思政工作会上提出的"其他各门课程都要守好一段渠、种好责任田，使各类课程与思想政治理论课同向同行"的要求，北京林业大学林学院充分结合专业特色，创新开展"五分钟林思考"课程思政实践探索，积累了较为丰富的实践经验。林学院党委以"传承林学精神，培育林苑情怀"为指导，提出了"五分钟林思考"课程思政的构想，重点依托森林经营全国高校"黄大年式教师团队"实施课程思政创新试点，挖掘凝练专业课程中蕴含的思想政治教育元素和承载的育人功能。2020 年，根据教育部印发的《高等学校课程思政建设指导纲要》，林学院党委统筹校内思政、管理等各方资源，于当年 12 月正式成立"五分钟林思考"课程思政工作室，搭建课程思政理论研究与实践创新平台，进一步系统推动实施"五分钟林思考"课程思政工作在全院全面开展，以点带面推进课程思政改革实践。工作室选树了 9 支重点团队，确定 9 门林学主干课程作为课程思政试点，先后立项 27 项课程思政教改课题。从关工委、校内机关、马克思主义学院等单位聘请了 11 名政治理论水平高、思政工作经验丰富的专家和领导干部作为重点团队导师。充分挖掘林学类专业课程所蕴含的思政元素和所承载的育人功能，用好课堂教学主渠道，提升教师队伍思想政治素质，实现"知识传授"和"价值引领"的有机统一。

"五分钟林思考"课程思政工作室定期组织成员研讨交流课程思政工作，邀请导师介绍经验，组织团队分享工作案例。制定《"五分钟林思考"课程思政工作室课程思政团队建设标准》《"五分钟林思考"课程思政工作室导师工作内容》《林学专业试点课程的课程思政教学指南》，构建林学课程思政基础素材库，收集总结课程思政典型案例，撰写课程思政教育教学改革论文。

通过"五分钟林思考"课程思政工作室建设发挥的示范引领作用，学院形成了课程思政、课程育人的浓厚氛围，使得林学院的专任教师在专业课程教学中，逐步形成习惯意识和行为自觉，让各具特色的课程思政犹如加了不同微量元素的盐一样，能够更好地满足不同学生的需求。让"盐溶于水"更有营养，为培育更多新时代的社会主义事业建设者和接班人作出积极贡献。

为了全面总结和凝练"五分钟林思考"课程思政工作所取得的阶段性成绩，形成可推广借鉴的经验，林学院决定组织编写和出版《北京林业大学林学院"五分钟林思考"课程思政工作室成果集》。

该成果集主要包括三部分内容。第一部分是"五分钟林思考"课程思政工作室介绍，主要是工作室建设过程中的方案、阶段性总结、导师工作内容、重点团队建设标准等过程性材料；第二部分是林学类代表性课程的课程思政教学指南，主要是9个重点团队结合试点课程撰写的对应专业课程思政教学指南；第三部分是相关教学改革研究论文，主要是在工作室建设期间，以重点团队为引领，已立项教学改革研究项目所形成的课程思政专项研究成果。

本书能够顺利出版得力于中国林业出版社的大力支持，也得力于各位编委老师的辛勤付出，感谢沈瑞祥、翟明普、刘东兰、郑小贤等先生提出的宝贵意见和建议，在此一并表示诚挚的敬意！

由于编者水平所限，虽几经改稿，书中不足之处在所难免，敬请谅解与不吝赐教。

编 者

2023 年 7 月

目　录

第一部分

"五分钟林思考"课程思政工作室介绍

"五分钟林思考"课程思政工作室简介

　　林学院以一流学科、一流专业建设为契机，秉持"传承林学精神，培育林苑情怀"的育人目标，围绕"如何提升林学专业教师思想政治素质""怎样讲授学生喜爱的思想政治教育内容""如何将专业教学与思政教育巧妙结合"等问题进行广泛研讨，充分挖掘凝练专业课程所蕴含的思想政治教育元素和承载的育人功能，策划实施了"五分钟林思考"课程思政创新试点工作，使专业课程与思想政治理论课同向同行，协同育人效应初步显现。

一、"五分钟林思考"基本内涵

　　组织专业课教师把握课前"5分钟"，梳理当前学生思想政治教育工作的重点，寻找与专业课教学的最佳"切入点"，将思政教育内容融入专业课教学大纲；组织专业课教师把握课上"5分钟"，利用课堂教学的有限时间传递思政教育的"大道理"，使学生在学习专业知识的同时潜移默化地接受思想政治教育；组织专业课教师把握课后"5分钟"，引导专业教师将立德树人的思考和做法利用新媒体平台进行传播，通过学术强者的影响力，教育引导学生弘扬林学精神、担当林业使命，使教师成为开展学生思政教育的主力军，开辟学生思政教育的"第二课堂"。

二、林学院"五分钟林思考"课程思政工作的基本经验

（一）以工作室为依托，开展有组织的课程思政

　　北京林业大学林学院党委于2020年12月成立"五分钟林思考"课程思政工作室，依托党支部组建课程思政重点团队，确定了9门林学主干课程为课程思政示范课程，从关工委、校内机关、马克思主义学院等单位聘请了11名政治理论水平高、思政工作经验丰富的专家和领导干部为重点团队导师。工作室定期组织成员研讨课程思政工作，邀请导师介绍经验，组织团队分享工作案例；制定《课程思政团队建设标准》，编制《林学相关专业课程思政融合点》《林学专业试点课程的课程思政教学指南》；构建林学课程思政基础素材库，收集总结课程思政典型案例；在学院形成了课程思政、课程育人的浓厚氛围。

　　学院课程思政工作被《中国教育报》、北京卫视等多家媒体报道，收录进《教育部党史学习教育简报（747期）》。学院1门课程入选首批国家级课程思政示范

课程，1个教师团队被确定为课程思政教学名师和团队，《"五分钟林思考"课程思政"思专融合"新林科人才培养体系》获北京林业大学教学成果一等奖，发表相关论文2篇。

（二）以党支部为抓手，培育课程思政团队

学院充分发挥党支部的战斗堡垒作用，将教师党支部建设成为"五分钟林思考"的组织、宣传、保障平台。学院教师党支部结合"一支部一品牌""党员先锋岗"等工作，组织教师党员结合森林培育学、森林经理学、森林有害生物控制、土壤学、林业遥感等林学骨干课程教学大纲，集体研讨撰写5分钟左右的课程思政教育内容，重点结合专业实际与行业发展对林学精神、林人情怀进行解读，引导广大学生深入了解林学及相关专业，增强专业归属感，培养林人品格，传承林学精神。

林学院党委积极培养优秀育人团队，以森林培育学科党支部作为开展课程思政的试点团队，对"五分钟林思考"的实施方式和内容先行先试，起到引领示范作用，以森林经理学科党支部、森林保护学科党支部为骨干支撑，在试点工作中进一步完善课程思政实施方案，在教学实践中打造精英团队。以森林经理学科党支部党员为骨干的森林经营教师团队获评全国高校首批"黄大年式教师团队"；以森林保护学科党支部党员为骨干的森林保护教师团队获评全国高校第二批"黄大年式教师团队"。

（三）以教师党员为重点，选树思政育人表率

教师是思政育人工作的主体，教师党员理应成为思政育人的骨干与表率。学院党委高度重视教师党员的教育工作，积极引导他们在课程育人中发挥先锋模范作用，并团结带动其他专业课教师积极践行立德树人，涌现出了一批思政育人表率。

例如，森林培育学科党员贾黎明教授以不同季节环境变化下的北京林业大学校园这一场景切入，通过在课堂上询问学生"近日校园植物有何不同"，讲述自己不同心境下体味到的花香，与学生探讨不同花香蕴含和表达的情感，表现出每时每刻对林业的关注、对生活的热爱，潜移默化、润物无声地传承林学精神、培育林人情怀；同时凝练课堂思政成果为学生们做《森林自然教育"八大感知"——兼论林学情怀》专题分享，开设"山水林人"微信公众号，发布科研、外业工作的成果、感悟等，通过青年人喜爱的形式与话语体系与之深入交流，潜移默化地引导学生走近林学、了解林学、热爱林学，充分发挥了"三微一端"的育人功能，相关内容被北京卫视报道（图1）。

又如，森林经理学科党员黄华国教授师从我国著名遥感学家、地理学家，国内遥感领域泰斗级专家——"布鞋院士"李小文先生。黄教授深受李先生"安安静静做学问、聚精会神育英才"的品格感染，将李先生的生平作为"五分钟林思考"课堂思政素材，应用于《林业遥感中的基础理论问题——林业定量遥感》课堂中，用真实的故事与幽默的语言，潜移默化地鼓励学生在学术科研道路上求真、求知、求实，时刻保持直率的性格和严谨的治学要求（图2）。

图 1 贾黎明教授接受北京电视台采访介绍"五分钟林思考"

图2   黄华国教授接受北京电视台采访介绍"五分钟林思考"

（四）以青年教师为突破口，构建思政育人长效机制

青年教师是学院未来发展的中坚力量，也是承担专业基础课的主力。 通过"课程思政"的教学研究和实践，不仅能够有效地提升青年教师思想政治素质及职业道德修养，更能有效地促进他们专业能力和执教能力的提高。 做好青年教师的思想教育工作，是构建学院思政育人长效机制的重要内容。 为此，学院积极拓展"五分钟林思考"课堂思政外延，创新开办林学院青年教师党校暨卓越青年教师培养"青蓝计划"，将思想引领与专业实践紧密结合，通过课程定制、分类实施、滚动培养，构建思想先进、定位明确、层次清晰、衔接紧密的林学院优秀青年教师培养体系，引导青年教师加强自身师德建设，提高人格修养，做"四有"好老师和"四个"引路人。 2021年11月，《光明日报》发表《"长"在树上的读书人——走进学在山林、扎根在山林的林学青年》一文，报道森林经理学科青年教师党员高露双教书于课堂、育人于山林的优秀事迹（图3）。

"青蓝计划"针对本科非林学专业的教师，开设14门林学专业基础课程，设计"林学专业南-北京林业大学区实践考察"，为青年教师补齐短板、加强实践、丰富学识提供平台。 同时建立青年教师政治理论学习制度，组织开展习近平新时代中国特色社会主义思想研习，推进"五分钟林思考"课堂思政实践，将理想信念教育贯穿专业培训全过程，努力培养一批信念坚定、师德师风优良、林业专业知识扎实、具有浓厚林学情怀和强烈社会责任感的青年学术骨干。

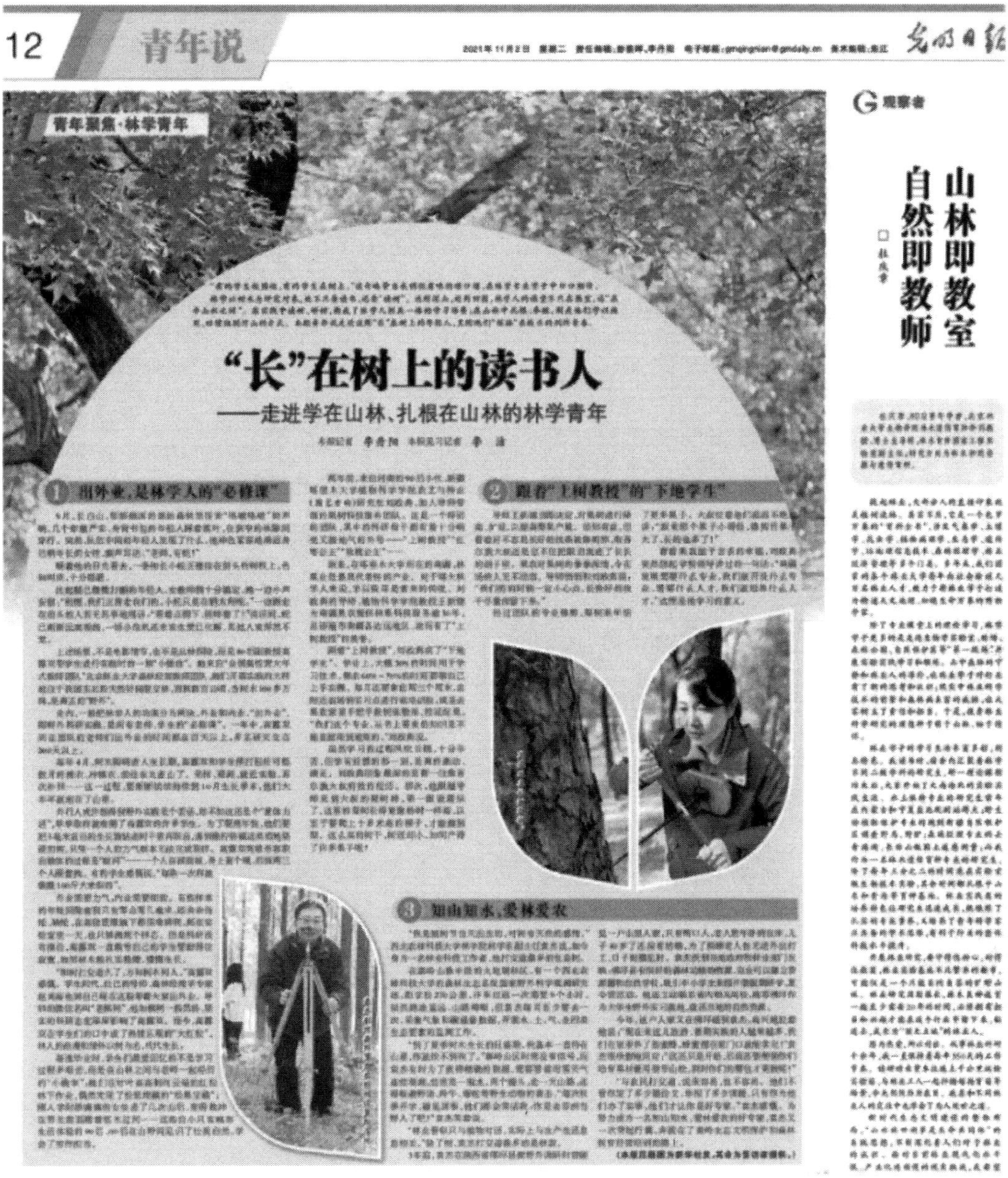
12 青年说

光明日报

青年聚焦·林学青年

“长”在树上的读书人

——走进学在山林、扎根在山林的林学青年

1 出外业，是林学人的“必修课”

2 跟着“上树教授”的“下地学生”

3 知山知水，爱林爱农

G 观察者

山林即教室 自然即教师

图 3 《光明日报》报道青年教师党员高露双教书于课堂、育人于山林的事迹

"五分钟林思考"
课程思政工作室建设方案

为深入贯彻落实全国高校思想政治工作会和全国教育大会精神，全面推进"三全育人"综合改革试点和全国高校"黄大年式教师团队"建设，充分挖掘专业课程所蕴含的思政元素和所承载的育人功能，用好课堂教学主渠道，推动"五分钟林思考"课程思政工作在全院全面开展，大力构建全员、全过程、全方位育人格局，依据教育部《高等学校课程思政建设指导纲要》，结合林学一流学科建设，林学院学院决定成立"五分钟林思考"课程思政工作室，现制订如下方案。

一、总体目标

以习近平新时代中国特色社会主义思想为指导，围绕立德树人根本任务，依托教育部"三全育人"综合改革试点和森林经营"全国高校黄大年式教师团队"两个工作平台，坚持党委统一领导、党政分工协作、统筹推进的工作原则，系统总结林学院前期开展"五分钟林思考"课程思政的典型经验，通过成立"五分钟林思考"课程思政工作室，努力扶持一批课程思政"重点团队"，培育一批课程思政"示范课程"，选树一批课程思政"典型案例"，逐步面向各教研室推广，使全院教师开展课程思政建设的意识和能力进一步加强，相关工作制度和条件保障进一步完善，立德树人的成效进一步突显。

二、"五分钟林思考"基本内涵

"五分钟林思考"借意于"五分钟"的时间概念，代指用"一小段"的时间和对林学专业课程内容的"深一步"思考凝练，潜移默化地将思想政治教育内容融入林学专业的教学科研，实现专业课程与思政教育协同育人的"大目标"。

组织专业课教师把握课前"5分钟"，梳理当前学生思想政治教育工作的重点，寻找专业课教学的最佳"切入点"，将思政教育内容融入专业课教学大纲；组织专业课教师把握课上"5分钟"，利用课堂教学的有限时间传递思政教育的主要思想内容，使学生在学习专业知识的同时潜移默化地接受思想政治教育；组织专业课教师把握课后"5分钟"，引导专业教师将立德树人的思考和做法利用新媒体平台进行传播，通过学术强者的影响力，教育引导学生弘扬林学精神、践行林学使命，使教师成为开展学生思政教育的主力军，开辟学生思政教育的"第二课堂"。

三、组织机构

"五分钟林思考"课程思政工作室由林学院党委牵头成立。 工作室下设 9 支重点团队，重点团队负责人担任工作室成员。 院党委从关工委、校内机关、马克思主义学院等单位聘请 11 名政治理论水平高、思政工作经验丰富的专家和领导干部为重点团队导师。

四、工作内容

（一）组建林思考课程思政团队

各教师党支部围绕专业主干课程组建课程思政创新团队，团队成员 3~5 人，包含一定数量的青年教师。 工作室对各党支部上报的创新团队进行审核、研讨，选拔 5~7 支团队作为学院重点支持团队，然后确定试点课程，选配指导老师，并配套一定经费用于支持团队开展试点工作。

（二）研讨林思考课程思政关键词和指导内容

工作室不定期组织学习研讨，围绕试点课程，汇聚工作室成员集体智慧，研讨专业课中蕴含的课程思政元素，凝练"五分钟林思考"课程思政关键词，并就如何落实课前"5 分钟"（教案）、课上"5 分钟"（微视频）、课后"5 分钟"（典型案例）提出具体指导意见。

（三）指导督促重点团队开展试点

各重点团队依据工作室的统一安排，在指导老师的指导下制订工作计划、时间安排，确立预期成果，以多种形式探索开展课程思政，努力形成创新成果。 工作室成员通过听取汇报、派人参与研讨等方式给予督促指导，协助拍摄与制作课程视频，协调解决工作推进中的问题和困难。

（四）成果评定与宣传推广

收集各创新团队的工作成果，评选表彰优秀教案、示范课程和典型案例，汇编形成《"五分钟林思考"课程思政优秀教案与典型案例集》。 研究制定《林学院"五分钟林思考"工作制度》，对可复制、可推广的模式与经验在全院进行推广。

五、"五分钟林思考"课程思政重点团队建设标准

（一）整体设计

选取课程思政试点的课程为林学及相关专业的骨干课程；开展课程思政试点的具体方案契合实际、预期效果好。

（二）团队建设

团队一般由 3~5 名教师组成，设负责人 1 名，至少包含 1 名青年教师；团队每月至少集体备课 1 次，邀请团队指导老师参加。集体研讨授课内容中蕴含的思政元素，将思政教育内容融入专业课教学大纲；团队负责人按时参加工作室组织的研讨交流活动。

（三）教学实践

落实集体备课成果，把握课上"5 分钟"，利用课堂教学的有限时间传递思政教育的"大道理"；积极开展教学方法改革，注重使用案例教学，加强课堂师生互动、生生互动，组织学生以讨论、研讨、发言、演讲等形式参与到课堂中；每支团队每学期至少开设 1 次公开课，请团队顾问、工作室成员听课反馈意见；每支团队每学期至少组织 1 次学生教学反馈座谈会，听取学生评价意见。

（四）成果总结

形成 1 份专业课程融入课程思政内容的典型教案；录制 1 段反映课程思政实施情况的介绍视频（工作室协助）；利用新媒体技术或实践教学等平台（课后"5 分钟"），创新开展思政教育的 1 个典型案例。

六、"五分钟林思考"课程思政工作室导师工作内容

为方便"五分钟林思考"课程思政工作室导师开展各项工作，现根据工作室计划，拟定导师工作内容，供各位导师参考。

（一）指导团队挖掘专业知识和思政教育契合点

结合所指导团队授课内容，指导团队研讨专业课中蕴含的课程思政元素，将思政教育融入专业知识，落实"专业+思政"教案。

（二）加强团队成员思想政治教育

作为团队导师，通过多种形式加强对指导团队成员的思想政治教育，提高团队成员思想政治理论水平，为更好地挖掘课程思政元素奠定基础。

（三）参加团队集体备课或试听课程

在个人工作允许的前提下，参加所指导团队的集体备课，现场指导团队成员深层次挖掘思政元素，也可现场听课，进一步指导团队成员改进课程设置，将"隐性教育"与"显性教育"深度融合。

（四）课程思政相关政策文件解读

工作室将定期邀请部分导师参加学习研讨会，各位导师结合自身工作内容及所学所思，对上级课程思政相关政策文件进行解读，为团队的工作开展提供针对性强、时效性强、实用性强的指导。

（五）提供外部资源支持

导师可结合自身工作特点，为工作室发展、团队成员培训、课程思政宣传等方面提供外部资源，创造发展条件。

七、支持保障

（1）工作室为每个重点团队选派1~2名指导老师，协助推进课程思政试点工作。

（2）学院为每个重点团队提供专项经费，支持团队开展试点工作。

（3）学院对优秀团队的成果进行表彰。

第二部分

林学类代表性课程的
课程思政教学指南

"动植物检疫"课程思政教学指南

课程名称:动植物检疫

课程类型:必修课

授课对象:本科生

课程学时:40学时

课程教材:《动植物检疫概论(第二版)》

课程章节:共5章

授课教师:石娟、游崇娟

课程思政教学简介:"动植物检疫"是北京林业大学森林保护学专业的核心课程,授课对象为森林保护学专业三年级本科生。该课程以森林检疫性有害生物为研究对象,研究和预防危险性有害生物传入、扩散和定殖,旨在防止人为传播森林危险性有害生物,保护本地区农林业生产及其生态环境稳定。

该课程的理论知识和实践内容结合非常密切,涉及病理学、昆虫学、微生物学、分子生物学、入侵生物学等内容,是一门综合性的新学科。根据其知识特征和教学特征,深入挖掘了其蕴含的生物安全、林业精神、生态文明等丰富的思政元素。以"绿色使命"为主线,引导学生了解动植物检疫发展历程、阐述"筑牢口岸检疫防线,守护国门生物安全"理念蕴含的丰富辩证思想。以"润物细无声"的方式将这些思政元素浸润于专业知识中,使学生在学习专业知识的同时,能够潜移默化地塑造正确的三观,树立和贯彻防范外来生物入侵、保护国门生物安全的国家安全观,增强投身生态文明建设的责任感和使命感。形成专业课程与思政课程协同育人效应,实现课程思政与思政课程同向同行。

"动植物检疫"课程思政元素

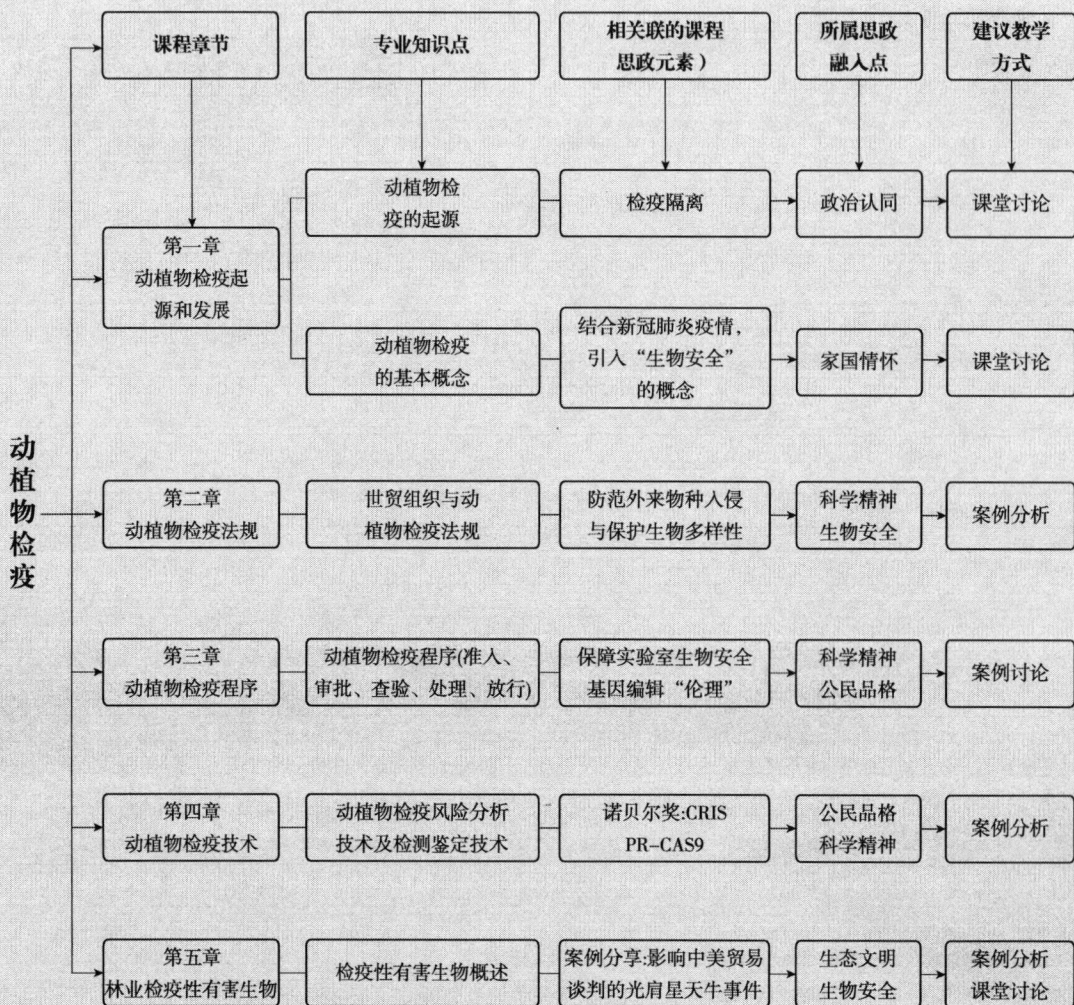

课程章节	专业知识点	相关联的课程思政元素）	所属思政融入点	建议教学方式
第一章 动植物检疫起源和发展	动植物检疫的起源	检疫隔离	政治认同	课堂讨论
	动植物检疫的基本概念	结合新冠肺炎疫情，引入"生物安全"的概念	家国情怀	课堂讨论
第二章 动植物检疫法规	世贸组织与动植物检疫法规	防范外来物种入侵与保护生物多样性	科学精神 生物安全	案例分析
第三章 动植物检疫程序	动植物检疫程序(准入、审批、查验、处理、放行)	保障实验室生物安全基因编辑"伦理"	科学精神 公民品格	案例讨论
第四章 动植物检疫技术	动植物检疫风险分析技术及检测鉴定技术	诺贝尔奖:CRISPR–CAS9	公民品格 科学精神	案例分析
第五章 林业检疫性有害生物	检疫性有害生物概述	案例分享:影响中美贸易谈判的光肩星天牛事件	生态文明 生物安全	案例分析 课堂讨论

动植物检疫

一、"动植物检疫"课程简介

"动植物检疫"是森林保护专业的一门专业必修课程。 课程主要任务是使学生掌握动植物检疫的基本知识、基本理论和基本分析方法；掌握动植物检疫程序和技术；能够利用分子生物技术对检疫性林业有害生物进行识别和检测，对入侵生物进行适生性分析等。 通过课程学习，培养学生具有分析和解决问题的基本能力。同时，引导学生树立生物安全的理念，培养学生严谨的科学精神。

（一）专业教学目标

"动植物检疫"是为适应我国当前动植物检疫形势而开设的。 通过本课程的学习，使学生在了解动植物检疫的起源与发展、学习动植物检疫基本概念和法规的基础上，掌握动植物检疫的主要程序和措施，认识检疫性动物疫病和森林有害生物的种类与危害，进一步了解现代信息技术与生物技术在动植物检疫中的应用，了解动植物检疫的相关热点问题。

（二）教学环节

课堂讲授 24 学时，实验 16 学时，实习 1 周。

（三）建议教材与教学参考书

建议教材为石娟教授作为副主编编写的《动植物检疫概论（第二版）》，同时参考石娟教授正在主编的《森林植物检疫》。 新版教材中增加了学习素材和资料，收集和整理了多个动植物检疫实例分析，便于学生在学习中了解当今动植物检疫的发展动态和学科前沿，也可以激发学生的学习兴趣和主动性。

二、"动植物检疫"的课程思政教学目标

（一）课程思政特征分析

根据课程知识特征和教学特征，深入挖掘了本课程所蕴含的生物安全、林业精神、生态文明等丰富的思政元素，以"润物细无声"的方式将这些思政元素浸润于专业知识中，使得学生能够在学习专业知识的同时，也潜移默化地塑造正确的三观，培养学生勇做投身生态文明建设的推动者、实践者，努力成长为中国式现代化建设需要的新时代林业人才。

（二）课程思政教学目标

通过"动植物检疫"的课程思政教学，在掌握动植物检疫知识的基础上，帮助学生增强生物安全意识，树立尊重自然、顺应自然、敬畏自然的生态文明理念；树立和贯彻防范外来生物入侵、保护国门生物安全的国家安全观；培养学生林业情怀，以专业伦理引领林业人才践行生态文明建设核心价值观；培育学生严谨的科学精神以及独立思考与解决问题的能力，为将来从事林业技术或科研工作打下基础。

三、"动植物检疫"课程思政教学案例

教学案例 1：增强政治认同

在讲授第一章"动植物检疫起源和发展"时，与同学们探讨 "检疫"的英文词"quarantine"的拉丁词源含义。 先介绍该词的本意为"四十天"，意指早在 14 世纪的欧洲，为防止黑死病、霍乱等严重疾病的传播，要求外来船舶和人员在进港前需隔离 40 天，这是最早关于阻止人类传染病传播蔓延的有效方法。 之后，引入2003 年"SARS"非典型性肺炎的案例，说明隔离措施也同样发挥了重要作用。 最后，通过对新冠肺炎疫情暴发的时政要闻讨论，引入"生物安全"的概念，从客观的角度引导学生展开"生物安全"的讨论。 同时，就"应对新冠肺炎疫情时，中美采取的截然不同的隔离措施"开展开放式讨论，从多个角度分析，例如：个人主义和集体主义等。 帮助同学们建立对我国政治制度的认同感，增强同学们的民族自信心和自豪感、凝聚力和向心力，激励青年学子在新时代新征程上披荆斩棘、奋勇前进。 面对突袭而至的病毒和来势汹汹疫情，党和国家以不畏牺牲、不计代价的精神带领全国人民抗击新冠肺炎疫情，取得了重大战略成果，创造了人类同疾病斗争史上又一个英勇壮举。 这些动人事迹和感人画面，也是最生动的思政素材。

教学案例 2：科学精神

在讲授第五章"林业检疫性有害生物"时，结合讨论式教学、案例式教学、翻转课堂等方式，适时融入思政元素，鼓励学生独立思考、敢于表达，培养其科学思辨能力，增强学习积极性。 课前，让学生自学"动植物检疫"慕课，自主查阅资料，以小组的形式展示不同林业检疫性有害生物（病原物、昆虫、杂草等）的检疫地位、生物学特性等。 结合其传播途径和危害特征，让学生思考针对不同检疫性有害生物的检疫检测方法有何不同，引出有害生物溯源追踪和风险分析的意义。课堂上，以林业检疫热点问题为导向，通过播放视频，讲述影响中美贸易谈判的光肩星天牛事件，分析事件的起因、谈判的背景和经过，继而分析生物安全的意义。1996—1998 年，美国多个州暴发光肩星天牛虫灾，造成许多树木死亡，引起美国农业部高度关注。 他们认为美国发生的光肩星天牛，是通过中国输美货物的木质包装传入的。 因此，美国农业部签署法令，要求中国输美货物木质包装在出口前必须经过熏蒸处理、热处理或防腐处理，违规将整批退回。 一旦美国的理由坐实，中国出口美国的货物将遭受严重损失。 因此，在 1998 年 10 月我国派出了中国植物检疫代表团，对美国光肩星天牛虫灾的发生地进行了考察。 他们发现一些受光

肩星天牛危害致死的树木上天牛羽化孔及树木本身已腐朽,说明该虫至少在十年至数十年前就已经形成相当的种群密度,如果该虫是其他国家传入的话,则传入的时间就更长。 且光肩星天牛不仅在中国有分布,在朝鲜半岛等其他国家也有分布,因此,从昆虫生物学及生态学特点分析,该虫由中国传入的观点是没有根据的。 经双方商谈并签署了"中美关于木质包装检疫合作研究协定",确定共同研究"星天牛种间及光肩星天牛种群间分子生物学研究"课题。 中方最终也通过分子生物学方法再次证明了美国光肩星天牛并非由中国传入。 通过该案例的讲述,使同学们认识到入侵生物的溯源、风险评估分析、快速分子检测等对维护国家主权、保护农林业生产安全的重要意义。 此外,采用导向式教学方法,将科研成果反哺教学,激发学生学习主动性。 结合学科近年围绕入侵生物学领域内有害生物追踪溯源、风险评估等取得的科研成果,带领学生深入思考检疫技术与国门生物安全的关系,学以致用,培养学生强烈的社会责任感,使思政内容具有亲和力。 课后,注重有害生物风险评估和调查的分析能力培养,锻炼学生的自主设计实验能力。 以应用为目标,注重学习过程,帮助学生探索发自内心的真正兴趣,收获解决实际问题的成就感。

教学案例 3:树立生物安全理念

在讲授第三章"动植物检疫程序"时,教师实时连线首都机场货物检验检疫处、出入境检验检疫局机场管理处等相关科研和事业单位,使同学们熟悉动植物检疫相关工作程序,深入了解出入境动植物检疫、国内森林植物检疫、陆生野生动物疫源疫病监测等方面的整体情况。

此外,邀请北京海关动植物检疫处植检科、法规处各部门人员入校开展《中华人民共和国生物安全法》宣贯活动及现场教学,为大家系统介绍《中华人民共和国生物安全法》的普法情况,以及国门生物安全与动植物检疫监管的关系,并围绕《中华人民共和国生物安全法》及口岸动植物检验检疫的相关问题进行互动提问。通过丰富的实践教学形式,提高学生对专业知识的了解,培养学生的专业兴趣,帮助学生增强生物安全意识,树立尊重自然、顺应自然、敬畏自然的生态文明理念,贯彻防范外来生物入侵、保护国门生物安全的国家安全观。

四、"动植物检疫"团队课程思政典型案例

筑牢口岸检疫防线,守护国门生物安全

(一)简介

全球发展所面对的安全问题越来越突出,生物入侵给人类带来更大威胁,生物

安全也受到更多关注。 新冠肺炎疫情的肆虐给国家安全和人民生命健康造成严重威胁。 在2020年2月14日，习近平总书记召开中央全面深化改革委员会第十二次会议，他强调，要从保护人民健康、保障国家安全、维护国家长治久安的高度，把生物安全纳入国家安全体系，系统规划国家生物安全风险防控和治理体系建设，全面提高国家生物安全治理能力。 党的二十大报告明确指出，加强生物安全管理，防治外来物种侵害。 生物安全攸关民众健康、社会安定和国家战略安全，是国家安全体系重要的一部分。 生物安全也与人们的生产生活息息相关，生物基因编辑问题、实验室"逃逸"事故、外来物种入侵、农林入侵有害生物等，都可被涵盖在生物安全的范畴中。 因此，保障生物安全没有局外人，每个人都要筑牢一座堡垒。"动植物检疫"课程内容与生物入侵、生物安全等密切相关。

（二）经验做法

通过"动植物检疫"的课程学习，引导学生了解动植物检疫发展历程、阐述"筑牢口岸检疫防线，守护国门生物安全"理念蕴含的丰富辩证思想，帮助学生树立正确的生态文明价值观，引导学生树立防范外来生物入侵、保护国门生物安全的理念，增强学生投身生态文明建设的责任感和使命感。 鼓励学生传承林人精神、培养林学情怀、锤炼林业本领、勇担绿色使命，切实发挥课程教学的育人主渠道作用，形成专业课程与思政课程协同育人效应，实现课程思政与思政课程同向同行。

以林业检疫热点问题为切入点，通过播放视频，讲述影响中美贸易谈判的光肩星天牛事件，分析事件的起因、谈判的背景和经过。 从入侵昆虫的生物学及生态学特点分析，与学生共同讨论入侵生物溯源、检测的技术和流程，使学生认识到入侵生物的溯源、风险评估分析、快速分子检测等对维护国家主权、保护农林业生产安全的重要意义。 此外，结合学科近年来在入侵生物学领域取得的科研成果，带领学生深入思考检疫技术与国门生物安全的关系，学以致用，培养学生强烈的社会责任感，使思政内容具有亲和力。

（三）成效

在课程教学过程中，将"绿色使命"作为主线贯穿整个课堂的教学活动，构建"价值引领、能力培养、知识传授"三位一体的教学目标。 将思政元素有机融入课程大纲，切实安排进课堂讲授、实习实验等教学环节，形成可行、高效的课程思政实施方案，实现知识传授、能力培养、价值塑造的多元统一。 激发学生把个人理想融入社会发展的责任担当，为社会培育独立思考、林业知识与专业技能并重、科学素养与人文精神相统一的新时代林业人才。

"经济林栽培学"课程思政教学指南

课程名称:经济林栽培学

课程类型:必修课/选修课

授课对象:本科生/研究生

课程学时:经济林专业:课堂讲授 64 学时,实习 2 周

林学类专业:课堂讲授 32 学时,实习 1 周

课程教材:"十三五"规划教材,谭晓风,《经济林栽培学(第 4 版)》,中国林业出版社,2018

课程章节:共 8 章

授课教师:苏淑钗、孙永江、张凌云、侯智霞、杨清、孟冬

　　课程思政教学简介:经济林栽培学课程思政通过寓道于教、寓德于教、寓教于乐为,结合国家发展战略,通过向树学习,向榜样学习,采取画龙点睛式、专题嵌入式、隐性渗透式教学手段,在向学生传授课程知识的同时让学生树立正确的价值观。在政治认同、家国情怀、道德品格、科学精神、文化自信、生态文明、法治意识、全球视野、专业自信等维度提升学生的思政水平。

"经济林栽培学"课程思政元素总览表

课程体系	专业知识点	相关联的课程思政元素	所属思政融入点
	经济林栽培历史	培养学生对华夏民族的源远流长历史的自豪感	文化自信
绪论	经济林发展现状	中华人民共和国的成立使得我国经济林取得的巨大成就	家国情怀
	经济林地位	结合李保国案例,分析经济林在乡村振兴中的作用	专业自信
经济林树木的生长发育	经济林生命周期	思考人生规划,树立远大理想	道德品质
	主要器官功能	学会各当其职,各守其分;遵纪守法、团结协作	法治意识
经济树木与环境	适地适树原则	顺应时代发展,个人发展与国家强盛相结合	家国情怀
	抗逆栽培技术	培养积极面对困境的心态	道德品质
经济树木的繁殖	种子苗根系特点	培养踏实肯干的作风	道德品质
	嫁接苗优点	学会团结合作,站在巨人肩膀上前进	科学精神
良种生产与经济林基地营建	种苗繁育技术	培养诚信为本的准则	道德品质
	生产园建设技术	强调生命与环境的相互依赖性	生态保护
经济林抚育管理	土壤水肥管理	珍惜、维护良好的家园环境	生态保护
	树体结构管理	建构良好的知识体系,实现人生目标	专业自信
	环境调控技术	发挥意识的能动作用,改造客观世界	科学精神

经济林栽培学

一、"经济林栽培学"课程简介

"经济林栽培学"作为经济林专业核心课的核心，为林学专业、森林保护专业和林学专业（城市林业方向）专业选修课。 经济林占我国林业总产值的 60% 以上，在林业建设中具有重要位置，是林学专业学生必须掌握的基本技能之一。

该课内容包括经济林栽培理论体系和经济林栽培技术体系两部分：理论体系包括经济林资源学理论、经济林生物学理论、经济林生态学理论、经济林培育学理论；技术体系涵盖经济树种的良种生产技术体系、经济树种的繁殖技术体系、经济林基地建设技术体系、经济林的抚育管理技术体系。 学生通过本课程的学习，重点了解经济林树种的生产现状与发展趋势，获得经济林的基本理论知识、基本实践技能，解决经济林木生产和发展中的实际问题。

（一）专业教学目标

1. 知识层面

掌握以花果为核心内容的经济林木生长发育规律，以及以水肥管理、整形修剪为特色的树体管理技能。 通过学习，在知识层面上能够具体理解经济林栽培的目的：根据树种的特性，改变和创造合适的环境来满足经济林木生长和发育的要求，最终达到优质高产。

2. 认知层面

通过对不同经济林品种的感官品鉴，激发学生探究经济林木生长和发育的兴趣，通过逐步介绍经济林器官发生和调节以及营养物质的吸收、转运和分配，通过自主探讨，能够结合实际情况，总结栽培管理措施背后的理论原理。

3. 能力层面

通过实践环节，培养学生利用所学解决实际栽培问题的能力，运用现代化经济林木管理理念，能够针对特定地域进行系统的经济林造林规划设计。

（二）教学环节

"经济林栽培学"是一门实践性很强的课程，包括理论讲授、实验实习、专题讨论等环节。

（三）建议教材与教学参考书

"十三五"规划教材，谭晓风，《经济林栽培学（第 4 版）》，中国林业出版社，2018 年。

该书在《经济林栽培学（第 3 版）》基础上进行修订，经过整合调整，全书结构更趋合理，层次更加分明，理论知识和技术体系相对完善;适当删除或精简了经济林理论知识和技术体系以外的内容，缩减了全书的篇幅;增加了一些新的理论知识、专业术语和技术内容，力求能全面反映当前国内外经济林的科学技术水平;适当安排相关知识点，阐述时尽可能考虑相关知识的逻辑关系和先后顺序，尽可能对经济林有关的专业术语进行完整、准确、简洁的表述，便于学生和初学者准确地理解相关知识和技术内容，也便于相关技术人员能随时快速地查阅相关专业术语，准确把握经济林的知识技术体系和经济林学科的内涵与外延。

二、"经济林栽培学"的课程思政教学目标

（一）课程思政特征分析

"经济林栽培学"课程思政秉持"知山知水，树木树人"的办学理念，根据"经济林栽培学"服务于乡村振兴与生态环境建设的特点，挖掘思政元素，并归于九大维度：政治认同、家国情怀、文化自信、生态文明、科学精神、道德品质、法治意识、全球视野、专业自信等。

1. 政治认同

中华人民共和国成立以来，经济林的发展和成就是在党和国家政策支持下取得的，使学生认同和拥护中国共产党的领导。

2. 家国情怀

以知名经济林专家、太行山的新愚公李保国等人的先进事迹，激励学生坚定服务乡村的信念，以过硬的经济林栽培技术造福人民、强盛国家。

3. 文化自信

中华民族利用和栽培经济林历史悠久，创造了灿烂的农业文明，增强学生文化自信。

4. 生态文明

经济林产业既能创造经济价值，让老百姓脱贫致富，又能绿化荒山，防止水土流失，发挥生态服务功能，最能体现"绿水青山就是金山银山"的可持续发展观和生态文明思想。

5. 科学精神

结合经济林树体和生长发育特点，传授道法自然的基本规律；通过科学规划、选种种植、合理修剪、平衡施肥等实践树立科学精神。

6. 道德品质

向树木学习，尊重自然、尊重生命，培养客观、严谨、实事求是的品格，将其渗透于各个教学环节中。

7. 法治意识

树木各器官各司其职，平衡营养生长和生殖生长才能收获甜美果实，引导学生各当其位，团结协作，遵纪守法；通过经济林新品种保护知识和案例介绍明白法治是产业健康发展的保证。

8. 全球视野

介绍国内外经济林发展的特点动态、经济林资源保护和良种引进，比较我国与先进国家在经济林栽培机械化和智能化方面的差距，使学生树立全球视野，培养沟通和合作意识。

9. 专业自信

通过介绍经济林在我国以及世界上的产业地位、经济林的理论与实践成就、典型案例，使学生热爱专业，增强自信。

（二）课程思政教学目标

1. 向树学习

结合经济林树体特点和生产发育规律，传授道法自然的基本理念和科学情况，培养客观、严谨、实事求是的品格。

2. 带着使命学习

结合"两山"理论，指导学生带有目的去学习，通过介绍经济林和乡村振兴、生态建设等国家战略的关系，结合分析自己家乡经济林树种生产现状，激励北京林业大学学子扛起振兴家乡经济林大旗，培养学生的家国情怀和专业自信，激发学生学习的主动性。

3. 向榜样学习

在绪论中介绍王林、李保国等榜样，不同章节中穿插大家熟悉的以中国林学会经济林分会理事长谭晓风为代表的一大批经济林专家和北京林业大学学子技术扶贫的先进事迹，激励学生向榜样学习，坚定服务乡村的信念，以过硬的经济林栽培技术造福人民、建设国家。

20 世纪 50 年代开始，北京林业大学王林教授为满足人民生活的需要，在我国人多耕地少的条件下，重视"第二条粮油战线（木本粮油植物），在北京地区带领青年教师和研究生进行引种新疆薄壳核桃的研究并获得成功，这种早实性核桃引起了生产单位、学术界和有关领导部门的高度重视。 对此，《人民日报》于 1962 年 6 月 19 日在头版发表了《发展木本油料植物的一个有重要意义的试验——北京引种新疆良种核桃成功》的报道，并发表了《新疆核桃结新果》的社论。 这样为一项林业科研成果而发表社论还是第一次，可见其意义之重大。 同日同报上还发表了王林、梁玉堂、齐宗庆共同撰写的科研论文《在北京地区引种新疆核桃的初步探讨》，该成果作为我国早实性核桃良种选育工作的起始点，对发展核桃科研和生产起到了积极的推动作用，选育了一大批早实薄壳核桃。 我国知名经济林专家、"人民楷模""太行山的新愚公"李保国长期奋战在扶贫攻坚和科技创新第一线，带领学生们扎根太行山上最艰苦的农村，与村民们同吃同住，在河北邢台从荒山治理到客土造林，种植早实薄壳核桃，创造了一个由万亩荒岗变绿岭的奇迹，绿岭薄皮核桃享誉全国，造福一方百姓。

三、"经济林栽培学"课程思政教学案例

教学案例 1：绿水青山就是金山银山

经济林经济效益、生态效益、社会效益俱佳，是践行"绿水青山就是金山银山"的最好抓手，2017 年中央提出"要大力发展木本粮油等特色经济林"，2020 年中央提出"将木本油料作为国家粮油安全战略重点发展的内容"，2021 年中央提出"发展木本油料和林下经济"。 经济林在生态文明和乡村振兴中发挥了重要作用，得到中央高层对经济林的重视和认可。 2019 年 9 月 17 日，习近平总书记到光山县司马光油茶园，考察调研当地产业脱贫工作成效。 习近平冒着小雨走进万亩油茶园，同正在劳作的村民们亲切交流。 习近平总书记强调，种油茶绿色环保，一亩百斤油，这是促进经济发展、农民增收、生态良好的一条好路子。 路子找到了，就要大胆去做。

介绍通过发展经济林脱贫的典型，感受到我们国家政治体制的优越性，从而建立内心的政治认同感。 使学生认识到经济林是变绿水青山为金山银山的最佳选择，在乡村振兴和生态文明建设中具有举足轻重的作用，同时指出，我国现阶段经济林人才缺乏，还存在大面积的低产低效林，增强学生的专业自信和历史使命感。

教学案例 2：时代楷模，太行山上新愚公——李保国

李保国是我国知名经济林专家，三十五年如一日，长期奋战在扶贫攻坚和科技创新第一线，带领学生们扎根太行山上最艰苦的农村，与村民们同吃同住，改造荒山，实现绿水青山的愿望。 经他培育的富岗苹果优质畅销，绿岭薄皮核桃享誉全国。 他把自己的研究成果在第一时间转化为现实生产力，为实现农村经济、社会和生态效益协调发展做出了重要贡献。 如今的荒山变成了"花果山"，李保国也带领全村人民实现了集体致富。

让学生观看电影《李保国》，参观绿岭和岗底，了解李保国的事迹，使学生认识到经济林在乡村振兴中的作用，学习李老师的高尚品质，坚定专业信念。

教学案例 3：爱国从爱家乡做起

"经济林栽培学"课程要求理论与实践紧密结合。 教学方法上，采用问题教学法，指导学生带有目的地学习，第一堂课介绍经济林发展现状与乡村振兴、生态建设等国家战略的关系、存在的问题、发展趋势，要求学生查阅文献，分析家乡主要经济林树木品种、生产中存在的问题，根据这门课的学习情况，提出解决对策。

介绍北京林业大学毕业生白倩,她从本科开始承包广西桂林"柿里回乡"果园,进行了对于桃、沃柑、沙糖橘、橙子、柚子、枇杷、柿、桑葚、百香果、杨梅、山葡萄等多种果树管理技术的探索,通过各种方式对家乡果农进行技术指导与示范,开发了多项创新技术,利用所学经济林知识,推动了家乡经济林产业的发展。她带动家乡全面脱贫的事迹被编入山歌,获《广西日报》宣传报道。

请白倩与学生座谈,以身边的榜样激励北京林业大学学生扛起振兴家乡经济林大旗,激发学生学习的主动性。

四、"经济林栽培学"课程思政典型案例

走太行山道路,坚定专业信念

(一)简介

北京林业大学经济林专业的"经济林栽培学总论"课程中,首次带学生实习走太行山道路,参观绿岭、岗底、太行山第一驿站,了解经济林一二三产的融合发展和从传统到现代不同条件下经济林的成功经营模式,感悟经济林之美,对乡村振兴的意义,向树学习,向榜样学习,坚定专业信念,掌握不同条件下经济林基地规划设计方法。

(二)经验做法

本次实习有3个课程思政教学目标:一是向树学习,结合经济林树体特点和生产发育规律,传授道法自然的基本理念和科学精神,培养客观、严谨、实事求是的品格;二是向榜样学习,以我国知名经济林专家、"人民楷模"、太行山上的新愚公李保国等技术扶贫的先进事迹,激励学生以李保国、孙建设等为榜样,坚定服务乡村的信念,以过硬的经济林栽培技术造福人民、强盛国家;三是带着使命学习,通过参观,结合两山理论,指导学生带有目的学习,通过介绍经济林和乡村振兴、生态文明等国家战略的关系,结合分析自己家乡经济林树种生产现状,激励北京林业大学学子扛起振兴家乡经济林大旗,培养学生的家国情怀和专业自信,激发学生学习的主动性。

第一站,师生们参观了中国核桃小镇,见证了在"太行新愚公"李保国的带领下,创造的一个由万亩荒岗变绿岭的奇迹。通过参观核桃小镇主题教育馆"悟初心""守初心""践初心"3个展区,培养学生的家国情怀和专业自信。通过参观李保国科技馆,学习榜样的先进事迹。同时,带领学生走进自然,向树学习。培养学生客观、严谨、实事求是的品格。

第二站,师生们参观了富岗苹果基地。学习李保国团队创造的"生态林戴帽,干果缠腰,高效水果筑坡脚"的特色山区生态模式,实现了"生态、经济、社

会"三大效益协同的治山目标，了解了经济林基地规划的基本内容，也学习了富岗苹果的种植技术。 随后，师生前往凤凰岭李保国老师陵园处凭吊宣誓。

实习最后一站，师生们参观了太行山第一驿站。 从 20 世纪 80 年代至今，孙建设及其团队走太行山道路，做山区扶贫工作已有 40 年。 2013 年，创建了太行山道路第一驿站，摸索科技扶贫的新路径，"驿站"不仅成为科学技术研究、培养各类人才的集成平台，而且成为太行山林果产业乃至种养殖产业结构调整和升级的规划师、智囊团。 学生们通过参观了解了现代经济林栽培技术及全产业链生产过程。

我们将思政元素融入了教学内容中，带学生观察树体、学习种植技术的同时，领悟到树体是自动记录仪，也体会到了前期用功打基础的重要性。

（三）成效

围绕立德树人的教育根本任务，立足"经济林栽培学"授课特点，通过系统挖掘其中蕴含的家国情怀、道德品质、科学精神、文化自信、生态文明、法治意识等思政元素，并将其贯穿于实践教学的全过程，引导学生"爱学""会学""用学"，最终能够积极投身到"乡村振兴、美丽中国、生态文明建设"等国家战略行动中，具备使命担当。

学生走太行山道路，通过参观绿岭、岗底、太行山第一驿站等，学习了经济林脱贫致富的典型案例；了解了经济林一二三产融合发展的脱贫致富道路，树立了专业自信；感悟到了经济林之美及其对于乡村振兴的意义；领悟到了榜样的精神，坚定了专业信念；掌握了从传统到现代不同条件下经济林的成功经营模式，也培养了经济林产业发展的思想。

课程整体获得了较好的教学效果。 正如他们于李保国老师陵园宣誓所说：

"我愿拥抱阳光，扎根大地，爱专业，法自然，知花果，具匠心，绘丹青，创辉煌！ 和树一起，努力成长。 把精彩论文写在祖国大地，把科研成果送进万户千家。 让青山结硕果，乡村创辉煌！"

"测树学"课程思政教学指南

课程名称:测树学

课程类型:必修课

授课对象:本科生

课程学时:48 学时

课程教材:孟宪宇,《测树学(第3版)》,中国林业出版社,2006年

李凤日,《测树学(第4版)》,中国林业出版社,2019年

孙玉军、王新杰,《测树学实习指导书》,北京林业大学,2005年(2018年修订)

课程章节:共 12 章

授课教师:孙玉军、杨华、王新杰、高露双、王轶夫

　　课程思政教学简介:本课程坚持以"知识传授与价值引领"相结合的原则为基础,以"知识目标""能力目标""素质目标"教育为目标,构建"测树学"课程思政体系,知识体系中以测树学与其他学科的关系及其在林业中的地位以及测树学发展简史为基础,结合国内推进生态文明建设美丽中国的重要方针政策,引导学生认识到林业在生态文明建设中的重要地位,培养学生热爱林业事业的林业情怀;结合野外综合实习过程,深化专业知识的同时,培养学生踏实严谨、吃苦耐劳、追求卓越的优秀品质,使学生成长为心系社会并有时代担当的林业技术型人才。在整个教学过程中突出体现了对受教育者正确的人生观、自然观和价值观引领。

"测树学"课程思政元素

课程章节	专业知识点	相关联的课程思政元素（关键词）	所属思政融入点	建议教学方式
第一章 绪论	测树学中的误差、精确度及准确度	培养科学研究思维、严谨治学态度	科学精神	演示法
第二章 单株树木材积测定	树干形状的基本理论，伐倒木区分求积式，形数与形率，立木材积的测定方法，枝条、树皮及薪材的测定	引导学生树立诚实守信、严谨负责的职业道德观	科学精神	案例教学法
第三章 林分调查	树种组成、地位级、地位指数、平均直径、平均高、郁闭度、疏密度等调查因子，及标准地调查方法	培养热爱林业事业的林业情怀	行业自信	案例教学法和野外实习
第四章 林分结构	林分直径结构规律及其拟合法，林分树高结构规律，形数、形率及材积结构	培养科学研究思维、严谨治学态度	科学精神	案例教学法
第五章 立地质量及林分密度	立地质量及其评价方法、地位级表与地位指数表的编制方法，密度与林分生长的关系，单木竞争指标的概念与应用	通过对知识点"立地质量评价应针对既定树种"的讲解，融入"实事求是"等优良的道德品质	道德品质	案例教学法
第六章 林分蓄积量测定	标准木法、材积表法、标准表法和实验形数法测算林分蓄积量	培养踏实严谨、吃苦耐劳、追求卓越的优秀品质	道德品质	案例教学法
第七章 林分材种出材量测定	材种划分的基本概念，出材率表的编制方法及应用	通过对不同材种（建筑用的大径材、造纸用的小径材等）的认识，分析林业行业在国民经济中不可或缺的重要地位	科学精神	案例教学法
第八章 树木生长量的测定	生长量、生长率的各种概念及数学表达，树干解析的技术过程，树木生长方程及推导过程，树木年龄测定方法	培养学生科学思维与社会担当意识	科学精神	案例教学法
第九章 林分生长量测定	林分生长量的概念、种类及林分生长表法、双因素法计算林分生长量的理论与方法，固定标准地在测算林分蓄积生长量中的作用，林分生长的随机过程及林分表法的实质	培养精益求精的科学精神	行业自信	案例教学法
第十章 角规测树	角规测树基本原理，多重同心圆原理和扩大圆原理，角规绕测技术	培养学生创新意识与创新能力	创新精神	案例教学法
第十一章 林分生长量和收获量预估模型	林分生长过程表、同龄纯林收获表的概念及与标准表的比较，林分生长特性及模型拟合	培育学生求真务实、实践创新的优良品质	行业自信	案例教学法
第十二章 森林生物量碳储量测定	森林生产力、生物量、碳汇等概念，单木生物量测定，林分生物量测定，森林碳储量估算	通过对"我国森林碳汇潜力""林业在'碳中和'中的重要作用"等知识点的讲解，培养学生对我国生态文明建设的认识和信心，加强学生对林业行业在生态文明建设中具有重要地位的认识，增强学生行业自信	生态文明、行业自信	案例教学法

测树学

一、"测树学"课程简介

"测树学"课程以森林为研究对象，研究林木、林分和木材产品的材积、蓄积、生物量、碳储量以及生长的测算和收获预估的理论与技术。 随着林业发展的内涵式转变以及森林质量精准提升的国家战略需求，本课程增加了资源调查类别、生物量测定和森林监测等相关理论与技术内容。 作为森林经理学、森林生态学、森林经营学的专业基础课，"测树学"课程在第 3 学期开课，是林学专业学生接触的第一门专业基础课。

（一）专业教学目标

通过学习"测树学"课程与野外实践，学生们能够建立林分结构与森林储量之间的内在知识体系，掌握森林调查中的数量和质量、林分结构和生长规律、质量评定、森林资源经济价值评价、森林资源动态及其发展趋势的理论和方法，完善立地评价、林分生长与收获模型等研究的基础知识储备，为定量认识森林资源，促进人与森林和谐共存打下知识基础。

（二）教学环节

"测树学"课程是理论与实践紧密结合的林学专业核心必修课，共计 48 学时，其中理论 36 学时，实验 12 学时。

（三）建议教材与教学参考书

1. 建议教材

孟宪宇，《测树学（第 3 版）》，中国林业出版社，2006 年。

李凤日，《测树学（第 4 版）》，中国林业出版社，2019 年。

孙玉军，王新杰，《测树学实习指导书》，北京林业大学，2005 年（2018 年修订）。

2. 教学参考书

关毓秀，《测树学》， 中国林业出版社，1986 年。

大偶真一等著，《森林计测学》，于璞和等译，中国林业出版社，1984 年。

H. 胡希等著，《测树学》，测树学翻译组译，中国农业出版社，1982 年。

B. B. 安塔纳伊季斯等著，《森林生长量》，蒋伊尹等译， 中国林业出版社，1988 年。

Anthonie van Laar，Alparslan Akca，《Forest Mensuration》，Springer，2010 年。

John A. Kershaw， et al.，《Forest Mensuration（fifth edition）》，John Wiley &Sons，Ltd，2017 年。

二、"测树学"的课程思政教学目标

（一）课程思政特征分析

"测树学"课程是研究树木和森林数量、质量的课程。 树木生长的自然规律、森林结构功能中所蕴含的哲学思想是十分丰富的。 本课程中融入了政治认同、家国情怀、科学精神、行业自信、道德品质、生态文明等课程思政元素，正所谓"十年树木，百年树人"，旨在通过本课程的教学，促进学生树立正确的人生观、价值观、自然观和世界观。

（二）课程思政教学目标

通过"测树学"课程教学内容中教育性、知识性的交互融合，培养学生科学认识森林的思维方法和创新能力。 将"绿色使命"作为主线贯穿整个课堂的教学活动，培养学生林业情怀。 以助力森林质量精准提升，建设美丽中国为目标，建立"测树学"课程与林业行业发展的内在联系，提高学生对森林资源重要地位的认知，在完成专业教育的同时激发学生将个人理想融入社会发展的责任担当，培育独立思考、林业知识与专业技能并重、科学素养与人文精神相统一的林业人才。

三、"测树学"课程思政教学案例

教学案例 1：林业精神

在绪论中，教师通过播放林业发展史短片，讲解林业行业在不同时期的内涵，例如从以扩大森林面积为主的外延式发展，到围绕森林质量、兼顾森林生产力和生态功能的内涵式发展过程，提高学生对森林资源重要地位和"测树学"课程重要性的认同感，增强行业自信，通过播放唐守正院士"以建设美丽中国为目标，默默坚守在林业科教一线的林业人"事迹视频，引导学生总结作为林业人所具备的共同特质。 与学生们一起总结出严谨求实、认真专注和吃苦耐劳的"林业精神"，潜移默化地培育他们的林业情怀。

教学案例 2：科学精神

在第二章单株树木材积测定的内容中，要求学生掌握测径和测高仪器的使用和单株树木材积测定的方法。 通过检验不同仪器、相同仪器不同距离以及相同仪器不同计算方法下测定结果的差别，引导学生们在调查、数据分析上注重细节，一丝不苟，做到尽心竭力。 这些能力要求，恰是工匠精神的内涵——敬业、审慎和精益求精。 因此，借助课程，可以将严谨的科学精神深入渗透到课程知识与能力培养的过程中，实现"价值引领、知识传授和能力培养"的高度融合。

教学案例 3：生态文明、行业自信

在第十二章中，解读国际和国内应对气候变化、实现"碳达峰""碳中和"等方面的政策，介绍森林生物量、森林碳储量、森林生产力估算等方面的前沿研究，介绍我国森林碳储量的存量及动态变化，分析我国森林碳汇潜力，以及森林经营管理对提升森林固碳释氧功能的积极作用，指出林业将在"碳中和"目标实现过程中扮演的重要角色，从而培养学生对我国生态文明建设的信心，加强学生对林业行业在生态文明建设中具有重要地位的认识，增强学生的行业自信。

四、"测树学"课程思政典型案例

回归课程育人本源育知山知水"林业人"

（一）简介

"测树学"课程是理论与实践紧密结合的林学专业核心必修课，以森林为研究对象，揭示森林生长的变化规律。森林生长的自然规律所蕴含的哲学思想往往具有普遍性，正所谓"十年树木，百年树人"，对学生树立正确的人生观具有积极意义。"测树学"课程思政团队秉承回归课程育人本源教学理念，践行全方位育人理念和价值的培育与输出，通过树立"夯基础、重素质"的课程思政建设观，完善"三位一体"的课程思政目标，优化全过程育人教学内容，创新教学手段，拓展"五分钟"思政育人的影响辐射面，形成了具备林学特色的思政课程教学模式。

（二）经验做法

1. 明确课程思政建设观，培养学生"林学情怀"

深入挖掘林学类专业课程的德育元素，通过理论讲授和野外实践，将思想政治教育贯穿本课程教书育人的全过程。树立"夯基础、重素质"的课程思政建设观，以"绿色使命"为主线，引导学生了解林业发展历程、思考森林生长规律，阐述"绿水青山就是金山银山"理念蕴含的丰富辩证思想，帮助学生树立正确的生态文明价值观，引导学生树立尊重自然、崇尚自然的理念，增强学生投身生态文明建设的责任感和使命感。鼓励学生传承林人精神、培养林学情怀、锤炼林业本领、勇担绿色使命，切实发挥课程教学的育人主渠道作用，形成专业课程与思政课程协同育人效应，实现了课程思政与思政课程同向同行。

2. 完善"三位一体"课程思政目标，优化育人教学内容

通过专家咨询、学生问卷调查、主讲教师专题研讨会、教学交流座谈会等开展系统调研，制定素质目标、知识目标、能力目标"三位一体"的课程目标，梳理课程内容体系，优化课程结构设计，将思政元素有机融入课程大纲，切实安排进课堂讲授、实习实验等教学环节，形成可行、高效的课程思政实施方案，实现知识传授、能力培养、价值塑造的多元统一。将教学内容的知识性与思政元素的教育性交互融合，提炼生长模型构建中的精益求精，年龄生长量测定中的一丝不苟，标准

地调查中的吃苦耐劳和团队协作等优秀品质，结合立地质量评价、森林生长预测和森林经营成效精准监测等内容在森林质量精准提升中的重要支撑作用，培养学生社会责任感，激励学生自觉把个人理想追求融入国家发展和林业事业中，使学生成长为心系社会并有时代担当的林业技术型人才。

3. 创新教学手段，延伸育人教育辐射面

通过建设在线开放课程，探索翻转式教学，持续优化课堂组织方式。 通过引入专家讲座介绍前沿热点、设置研究专题培养创新意识、增加"讲、演、练"强化实践能力、完善"选题、实施、汇报"考核方式等，激发学生学习兴趣，在提升专业教学效果的同时，引导学生以人文融通涵养解决复杂的林业问题，以林学专业伦理践行生态文明建设，实现思政元素入脑入心。

（三）成效

本课程系统地梳理了林木生长、森林结构功能中所蕴含的哲学思想以及典型事迹中所体现的人文精神，形成了较为完善的课程思政教学方案。 在几轮教学实践中，学生对林业行业有了更深入的认知和更高的热情，创新能力明显提高，对投身生态文明建设的使命感显著增强。 通过课程思政建设，本课程将会更好地为培养高素质有情怀的林业人贡献力量。

"森林土壤生态"课程思政教学指南

课程名称:森林土壤生态

课程类型:必修课

授课对象:研究生

课程学时:32 学时

课程教材:自编讲义

课程章节:共 8 章

授课教师:耿玉清

课程思政教学简介:"森林土壤生态"课程是我校农业资源与环境学科硕士研究生的必修课。本指南通过分析本课程的知识内容和教学特点,分解每一章的主要知识点所包含的思政元素,将森林土壤生态的课程思政元素归纳为政治认同、爱国情怀、科学精神、方针政策、生态文明、文化传承、道德品质、榜样事迹和行业自信等九大维度,并在每一维度结合典型的知识点以及所融入的思政要素进行分析。此外,还包含 3 个典型的教学案例。使用过程中,可以结合习近平总书记系列重要讲话精神、森林土壤生态相关方针政策、我国林业建设成就及科学家精神等,注重培养学生树立正确的世界观、人生观和价值观,培养学生在科学研究中求新与创造的精神,培养学生在生态文明建设中扎实的工作技能,培养学生使用辩证唯物主义思维去分析和解决问题的能力。

"森林土壤生态"课程思政元素

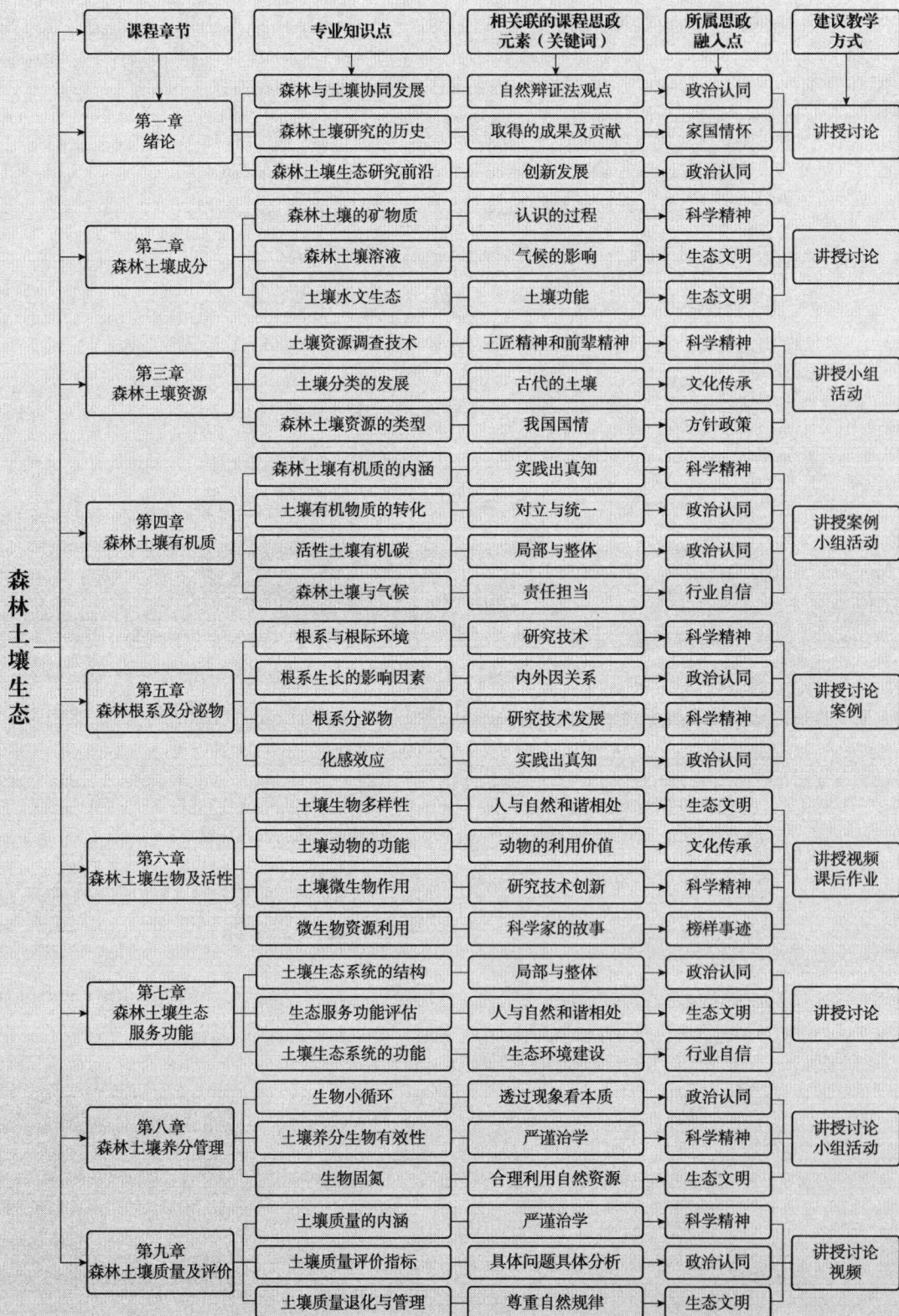

课程章节	专业知识点	相关联的课程思政元素（关键词）	所属思政融入点	建议教学方式
第一章 绪论	森林与土壤协同发展	自然辩证法观点	政治认同	讲授讨论
	森林土壤研究的历史	取得的成果及贡献	家国情怀	
	森林土壤生态研究前沿	创新发展	政治认同	
第二章 森林土壤成分	森林土壤的矿物质	认识的过程	科学精神	讲授讨论
	森林土壤溶液	气候的影响	生态文明	
	土壤水文生态	土壤功能	生态文明	
第三章 森林土壤资源	土壤资源调查技术	工匠精神和前辈精神	科学精神	讲授小组活动
	土壤分类的发展	古代的土壤	文化传承	
	森林土壤资源的类型	我国国情	方针政策	
第四章 森林土壤有机质	森林土壤有机质的内涵	实践出真知	科学精神	讲授案例小组活动
	土壤有机物质的转化	对立与统一	政治认同	
	活性土壤有机碳	局部与整体	政治认同	
	森林土壤与气候	责任担当	行业自信	
第五章 森林根系及分泌物	根系与根际环境	研究技术	科学精神	讲授讨论案例
	根系生长的影响因素	内外因关系	政治认同	
	根系分泌物	研究技术发展	科学精神	
	化感效应	实践出真知	政治认同	
第六章 森林土壤生物及活性	土壤生物多样性	人与自然和谐相处	生态文明	讲授视频课后作业
	土壤动物的功能	动物的利用价值	文化传承	
	土壤微生物作用	研究技术创新	科学精神	
	微生物资源利用	科学家的故事	榜样事迹	
第七章 森林土壤生态服务功能	土壤生态系统的结构	局部与整体	政治认同	讲授讨论
	生态服务功能评估	人与自然和谐相处	生态文明	
	土壤生态系统的功能	生态环境建设	行业自信	
第八章 森林土壤养分管理	生物小循环	透过现象看本质	政治认同	讲授讨论小组活动
	土壤养分生物有效性	严谨治学	科学精神	
	生物固氮	合理利用自然资源	生态文明	
第九章 森林土壤质量及评价	土壤质量的内涵	严谨治学	科学精神	讲授讨论视频
	土壤质量评价指标	具体问题具体分析	政治认同	
	土壤质量退化与管理	尊重自然规律	生态文明	

森林土壤生态

一、"森林土壤生态"课程简介

"森林土壤生态"是农业资源与环境学科硕士研究生的必修课。其主要内容有森林土壤生态发展的历史和现状，森林土壤调查技术，森林土壤生态系统结构和功能，森林土壤生物，土壤有机碳以及氮磷养分循环的土壤生态过程，森林土壤质量评价与管理等。课程揭示了森林土壤生态系统的组成、结构、功能及其演化规律，为实现森林土壤资源的合理利用以及森林生态环境保护提供理论和技术支撑。通过该课程的学习，研究生能够全面掌握森林土壤生态的专业知识和实践技能，能应用系统的、先进的森林土壤生态理论知识和实践技术，解决林业生态工程以及不良立地条件森林植被恢复的现实问题。

（一）专业教学目标

"森林土壤生态"课程的学习旨在让硕士研究生全面掌握森林土壤生态的基本原理以及研究方法。可使硕士研究生在充分了解我国森林土壤资源现状的基础上，系统掌握森林土壤生物、主要森林土壤的生态过程以及森林土壤的生态服务功能，了解森林土壤质量评价以及促进人工林土壤质量提升的途径，从而提高硕士研究生的学位论文质量和以后独立从事科研工作的能力。

（二）教学环节

本课程的教学环节包括：教师课堂讲授、学生课堂汇报、课程作业、答疑、平时小测验和结课论文等。

在课堂讲授环节，以教师讲授为主，同时安排学生分组进行文献整理和汇报。此外，建立课程管理微信平台，将教学环节延伸到课外，及时解答学生提出的问题，提升教师对课程教学效果及学生的意见建议的了解。

在课程教学中，安排研究生围绕某一具体科学问题的提出以及研究方案的制定进行汇报和讨论。在教学方法中，采用启发式教学，鼓励学生积极发言，不以对错论英雄，重视学生的参与度。其次安排一些开放性的习题，以学生讨论和自学为主，拓宽学生的思维空间。在课程结束前，需要学生完成课程作业和课程论文。

（三）建议教材与教学参考书

Binkley D，Fisher R F. Ecology and management of forest soils（Fifth Edition），Wiley，2019 年。

孙向阳，《土壤学（第 2 版）》，中国林业出版社，2021 年。

慧蓉，贝荣塔，王艳霞，《森林土壤学》，中国林业出版社，2019 年。

贺纪正，陆雅海，傅伯杰，《土壤生物学前沿》，科学出版社，2014 年。

杨万勤，张健，胡庭兴，《森林土壤生态学》，四川科学技术出版社，2006 年。

二、"森林土壤生态"的课程思政教学目标

（一）课程思政特征分析

"森林土壤生态"的教学对象是刚入学的硕士研究生。 研究生教育属于高等教育的最高阶段，是以理论或实验性的科学研究作为教育教学核心，以提升研究生综合素质能力为培养目标的教育，其政治思想教育与专业教育比本科生教育有很大的变化。 从本学科研究生的未来发展来看，一部分是继续深造，向更深的领域发展，专攻森林土壤的研究；另一部分是走向社会，报效祖国。 因此，"森林土壤生态"的教学过程需要紧密结合"三观"并融入思政元素，以培养研究生树立正确的世界观、人生观、价值观。 根据本课程的知识内容和教学特点，现将所蕴含的思政元素归纳为政治认同、爱国情怀、科学精神、方针政策、生态文明、道德品质、榜样事迹、文化传承和行业自信九大维度。

1. 政治认同

"森林土壤生态"的教学中，必然涉及在森林土壤领域所取得的各种成果，如森林土壤资源分布、森林土壤固碳能力、森林土壤腐殖质特征等。 这些成果都是老前辈在党和政府的领导下取得的。 学生能在优越的环境条件下安心学习，也与党和政府的正确领导是分不开的。 将专业知识教育与党和国家的政策教育结合起来，有助于促进学生对党和政府产生高度认同感。

自然辩证法是马克思主义的自然观和自然科学观的反映。 森林土壤是重要的自然资源。 在学科专业人才培养及森林土壤生态的研究过程中，都包含众多马克思主义中辩证唯物主义的观点和思维方法。 如森林土壤生态研究主题的变化及土壤微生物研究手段的发展，都是辩证唯物主义发展观的具体体现；不同森林植被类型土壤质量的差异体现了辩证唯物主义变与不变的统一；研究对象的选择蕴含了整体与部分的关系、量变与质变的统一。 将马克思主义的辩证唯物主义思想融入课程教学中，是贯穿"森林土壤生态"的主要课程思政元素。

2. 爱国情怀

森林土壤生态系统的组分，不仅有大量的生物，还涉及土壤的成分，如风化的岩石矿物、一望无际的沙漠等，这是生态系统的多样性。 无论是肥沃的土地，还是贫瘠的荒漠，这些都是我们赖以生存的基础，都属于祖国的大好河山，都是我们建设的生活空间。 由此结合我国的国土资源，使学生意识到这不仅仅是一把土，一块土地，而是祖国大好河山的必要组成，进一步树立为中国特色社会主义伟大事业而奋斗的远大志向。 森林土壤生态的研究内容非常丰富，研究过程中需要团队成员密切合作，亦可挖掘其中蕴含的集体主义精神。 森林土壤生态属于基础研究，短期效益不显著，但科技工作者仍坚守在这个学科开展研究。 在课程讲解

中，结合老一辈土壤学家的卓越贡献，可激发学生以强农兴农为己任，服务农业农村现代化的爱国情怀。

3. 科学精神

科学精神是人们在认识世界和改造世界的过程中表现出来的一种精神取向，是科学的本质和灵魂。森林土壤剖面的每一个特征数据，都是经过复杂的实验分析得来的。通过这一教学过程可使学生意识到知识来源于实践，每一信息都凝聚着前人辛勤的劳动，从而使学生懂得科学研究的内涵，建立科学研究过程中的抽象思维意识。例如在科学研究过程中，如何利用发展的观点看待前人的研究成果，如何认识研究结论的不足，以及如何将理论知识在实践过程进行检验等。这些都体现着科学家用怀疑和批判的眼光对问题进行分析，形成自己的创造性见解。通过融入科学家的科研历程，可让学生更好地体验科学精神。通过融入老一代科学家的科研事迹，也可培养学生孜孜不倦的敬业精神、追求精准的科学思想，以及求真务实和吃苦耐劳的精神品格。

4. 方针政策

科学研究绝不是一蹴而就的过程，而是凝聚着科研工作者辛勤的汗水。通过教师的科研经历，分享学生的科研成果以及研究生的成长过程，可以让学生体味一分耕耘一分收获的内涵。劳动教育是中国新时代教育的重要组成部分，在课程教学过程中，教师可以将劳动教育渗透到森林土壤生态的野外样品采集，实验室分析数据整理以及论文写作的全过程中，将劳动价值与劳动创新实践能力培养相互结合，实现教育"与生产劳动和社会实践相结合"的行动纲领，从而落实国家 2020 年提出的《关于全面加强新时代大中小学劳动教育的意见》这一文件精神。

让林业大学的学生了解我国不同阶段的林业政策，有助于学生对论文选题以及就业的理解。课程教学中，针对森林土壤的退化，介绍在中华人民共和国成立后的 30 年以木材生产为中心实行"大砍大造"的林业政策，针对天然林保护工程，介绍 1998 年 8 月国务院发布的《关于保护森林资源制止毁林开垦乱占林地的通知》，使学生了解到在生态灾害面前，实行天然林保护政策的重要性。2002 年 12 月，国务院发布了《退耕还林条例》，退耕还林进入有法可依的阶段。2021 年 5 月，国务院办公厅发布《关于科学绿化的指导意见》，更强调了要"坚持因地制宜、适地适绿，充分考虑水资源承载能力，宜乔则乔、宜灌则灌、宜草则草，构建健康稳定的生态系统"。

5. 生态文明

通过领悟水源涵养、气候调节以及支持服务等生态系统服务功能对人类生活的影响，使学生意识到优化森林生态系统的结构与功能发挥的关系。对比绿水青山以及水土流失生境，分析森林土壤退化的原因，使学生意识到人与自然和谐相处就是对生态文明思想的践行。 为实现"两山论",合理利用土壤资源,尊重自然规律,提高土壤质量,更好地服务于林业生产和生态环境建设,这些与建设美丽中国,实现"绿水青山就是金山银山"的生态文明是一脉相承的。

6. 道德品质

围绕研究生的培养过程,课程教学过程中,可以将"森林土壤生态"课程的知识点与毕业论文的选题、研究过程以及论文的写作有机地结合起来,可以培养学生严谨认真、勤奋好学的学习习惯,并将科研过程反哺课程教学,使学生懂得论文质量的提高需要勤学苦练。 按照"惩前毖后,治病救人"的方针,用反面教材教育那些求学功利化严重的学生。 任课老师要将科研诚信教育贯穿教学始终,让研究生深刻认识到学术道德在学术科研活动中的重要性。 例如向学生指出一份作业同时作为多门课程作业、论文发表"一稿多投""花钱发低水平论文" 等都是严重违反学术道德的不端行为,都会受到惩处;同时在外业调查和实验室工作中,指导学生相互配合,不做有损他人的事情。

7. 榜样事迹

森林土壤生态的研究,必然要结合野外的科学考察。 而森林土壤采集则必须通过挖掘土壤剖面或采集样本来实现。 课程教学中,可以在森林土壤资源特征教学中,融入对老一辈森林土壤学家如张万儒和向师庆等对森林土壤研究贡献的讲解;在森林土壤生物部分,融入陈文新院士隐忍坚守、矢志不渝,守护着所热爱的根瘤菌的事例。 诸如此类,通过融入著名科学家的先进事迹,激发学生学习的动力。 梁希是学生比较熟悉的首任林垦部部长。 在课堂中通过介绍一生淡泊名利、"为人民服务,万死不辞"的老前辈梁希,可激励学生以"替山河装成锦绣,把国土绘成丹青"为精神支柱砥砺前行。

8. 文化传承

在"森林土壤生态"课程中,蕴含着丰富的土壤文化。 基于学生熟悉的黑土、棕壤等土壤名称,分析"土"和"壤"的区别,使学生了解中国古代土壤文化。 在森林土壤资源部分,讲解中山公园社稷坛摆放的"五色土",使学生在了解土壤类型分布的同时,了解我国的传统文化。 此外,融入炎黄子孙家国情怀和乡愁的传统文化,彰显了土壤文化在弘扬中华文化中的价值。 在土壤生态系统结构部分,可以补充对巴金的《愿化泥土》、臧克家的《泥土的歌》,艾青的《我爱这土地》等文化作品的介绍,也可以融入一些描写农业的谚语。 同时可以在森林生态功能部分,重点介绍黄河的保护和治理工程,使学生认识到黄河文化是中华文明的重要组成部分,是中华民族的根和魂,并将黄河文明有机应用到森林土壤生态管理中。

9. 行业自信

在课程讲授时,紧密结合我国的生态环境建设中对森林土壤知识的需求,使学生进一步了解学习林业土壤是可以大有作为的。 如介绍生态系统服务功能评估、土壤固碳、土壤资源保护这些重要的林业生态问题，让学生意识到土壤学知识可直接服务于我国的经济和社会建设，服务于国家的需求，如造林的选择和森林的抚育措施，都离不开森林土壤的研究。 从而使学生在学习过程中，自觉把个人的理想同林业行业发展和国家的需求结合在一起。

（二）课程思政教学目标

通过分析可以看出，"森林土壤生态"课程蕴含丰富的思政元素。 在该课程的教学过程中，应采用适当的手段和方式方法，融入这些思政元素，实现以下主要的课程思政教学目标：

（1）指导学生在深刻理解森林土壤生态的研究内容以及研究手段的基础上，具备马克思主义唯物辩证法的观点和思维方法。

（2）指导学生在充分理解森林土壤研究的野外调查、室内分析以及成果整理过程的基础上，以科学家和模范人物为榜样，培养爱国情怀，以及孜孜不倦、求真务实、吃苦耐劳的科学精神。

（3）指导学生在掌握森林生态系统结构和功能、土壤退化机理以及土壤生物多样性等专业知识的基础上，提高对自然规律的认知与尊重，了解"两山论"和习近平生态文明思想的内涵。

（4）培养学生在了解土壤功能和如何充分进行土壤资源利用的基础上，认识土壤学在国民经济中的地位，激发他们学习森林土壤生态的兴趣，实现对土壤文化、林业文化和中国传统文化的了解和传承。

（5）培养学生基于森林土壤资源、土壤固碳功能以及土壤质量恢复途径的系统学习，了解我国的林业政策以及生态建设过程，建立行业自信。

三、"森林土壤生态"课程思政教学案例

教学案例 1：给土壤剖面拍照——工匠精神

野外进行土壤调查就是认识土壤的过程。 在强调野外土壤调查地位的基础上，让学生回忆土壤剖面的概念。 从概念中，明确垂直的内涵，然后展示几张土壤剖面的图片，让学生各抒己见分析图片的优点和不足。 从概念中学生很容易联想到剖面是直的，同时从标尺中也能看出垂直。 分析优点再进一步分析不足。 很明显，图片中左边的土壤表面是斜的；中间剖面的底层有上层散落下来的土；右边剖面的大洞影响了图片的美观（图 1）。 在分析问题的基础上，如何拍照一张理想的图片呢？ 让学生讨论一下如何挖掘剖面，如何修整剖面。

土壤剖面点确定后，一般用铁锹挖掘土壤剖面。 如何确保土壤剖面是垂直切

图 1　给土壤剖面拍摄的照片

面？　左边的土壤剖面垂直吗？　什么状态才是垂直的？　给学生提出一系列问题，在有了一些思路之后，让学生梳理剖面挖掘的过程：一是观察面的选择应向阳，便于观察和拍照；二是表土和底土应分别堆放在土坑两侧；三是观察面的上方，不宜走动踩踏。　这些过程还是容易的，但实际过程中，把剖面切成垂直于土壤表面边缘的平整切面需要反反复复的修整。　教师介绍一些经验，用铁锹挖剖面容易，但修整剖面是个慢活，要把面修平整不容易，只好边修整边观察。　只有把建筑上用的水平尺拿来测量，这才是把工作做到位、做到家。　因此，野外修整剖面至少 40min。

放标尺很重要。　中间图片的标尺与土壤表面边缘是垂直的，但近距离的观察有一定的难度，而且这个难度，只有通过相机拍摄才能展示出来。　教师讲解摆放土壤标尺的规范：要垂直于剖面表层。　随后讲解科研过程经历：摆放容易，垂直难！　如何办？　从他人那里得到启发，学习铅锤的妙用，讲述反复修整剖面的过程。　最后在剖面摄影时，应修挖成如簸箕形的土坑。　上述过程，学生听得津津有味。　在此引出工匠精神。

党的十九大报告提出："建设知识型、技能型、创新型劳动者大军，弘扬劳模精神和工匠精神，营造劳动光荣的社会风尚和精益求精的敬业风气。"在新时代，工匠精神的基本内涵就是"执着专注、精益求精、一丝不苟、追求卓越。"

在学习剖面拍照的过程后，学生把修整土壤剖面的过程看作是打地基一样严谨，是一项精湛的技艺，是精益求精的过程。　一个学生说："挖剖面看容易，但要拍照一张图片需要下功夫的。　如果总是'差不多主义'，地基就有可能塌陷。　如果差不多，拍摄的剖面图片，就属于无价值的废品。"学生表示要摆正自己求学的心态，克服自身的惰性，从点滴开始，认认真真，踏踏实实，一步一个脚印，让自己在追求知识的道路上坚忍不拔，乐观面对每一次挑战。

教学案例 2:土壤生态服务功能——珍惜土壤资源

首先介绍生态系统服务概念的形成和发展,让学生将生态环境的质量与生态系统服务结合起来。 以比较熟悉的森林生态系统为例,采用启发式的方式,定性分析森林生态系统提供的服务,最终将其归纳为供给服务、调节服务、水源涵养、支持服务。 从表象来看,以上都是森林的生态功能,似乎没土壤的贡献。 随后进一步指出在生态系统服务功能评价过程中,越来越多的生态学家意识到大多数生态系统的能量流动和物质循环都是地上与地下生态系统相互作用的结果。

目前国内外有关生态系统服务功能评价的研究很多,多为根据生态服务功能进行生态补偿,然后进一步剖析生态系统服务功能评价量化方法。 此时可以分享几篇有关生态系统服务功能的文献。 对指标进行总结发现,评估指标过分强调地上部分的功能,目前的评估技术和实践对土壤部分功能评估存在严重的低估。 此外,由于人类直接或间接的干扰,如土地利用变化、土壤管理和土地退化,使得土壤在全球变化压力下变得愈加脆弱。 然而,土壤的自然资本支撑着人类社会的生产生活,是大自然向人类提供各项生态服务的基础。 2013 年,联合国将每年的 12 月 5 日定为世界土壤日,并将 2015 年定为"国际土壤年",2020 年第七个世界土壤日的主题就是"保持土壤生命力,保护土壤生物多样性"。

此处播放"国际土壤年"的视频,加强学生对土壤重要性的认识,并诵读习近平总书记的讲话:

"耕地是我国最为宝贵的资源。 我国人多地少的基本国情,决定了我们必须把关系十几亿人吃饭大事的耕地保护好,绝不能有闪失。 要实行最严格的耕地保护制度,依法依规做好耕地占补平衡,规范有序推进农村土地流转,像保护大熊猫一样保护耕地。"

——2015 年 5 月,习近平就做好耕地保护和农村土地流转工作作出重要指示

有学生提出:"耕地是解决我们吃饭,一定要保护啊。"森林土壤有什么功能呢? 此时列举森林土壤的生态功能:支撑森林植被的生长发育,保持水分、过滤水,为土壤动物、鸟类等提供生境,调节养分,土壤固碳等。

综合来看,土壤并不是一把土,也不是一个土体,是属于自然资源的一部分。 土壤资源是具有生产生物性产品能力的各种土壤类型的总称。 人类要与土壤资源和谐相处,合理利用和管理土壤,使土壤为人类服务。 只有高质量的森林土壤,才有涵养水源的功能,才能实现绿水青山。 砍伐森林,必然要引起土壤和地表径流的变化,加剧土壤侵蚀,导致土壤资源的退化。 学生评价说:"老师这么讲解,这让我们拓宽了思维,把僵硬的土壤说'活'了。"土壤不再是纯粹的固体,而是有生命的系统,是以丰富的营养支撑人类不断发展,是生态文明

建设的物质载体。 践行生态文明就在我们身边,只有珍惜土壤资源,才能建立良好的生态环境。

教学案例 3:根瘤菌——科学家的执着探索

在森林土壤微生物部分,首先突出土壤微生物研究方法的历史和目前的高通量测序。 然后采用对话式教学方法,让学生总结一下研究土壤微生物的意义。 可以引导学生围绕比较微生物的多样性,探索林地土壤质量的变化;从土壤微生物分离微生物,促进有机物质的分解,生产微生物肥料等方面进行发言。 在了解土壤中蕴含大量有益微生物之后,结合农林生产中的应用,引导大家讨论熟悉的根瘤菌,进而循序渐进,开始根际微生物的讲解。 由于学生对根瘤菌都非常熟悉,所以教师抛出几个问题,如根瘤菌能固氮是有结论的,为什么还要研究;研究根瘤菌,如何解决高效固氮的问题等。 这些内容通过引入科学家事迹进行讲解。

在中国农业大学生物学院工作的陈文新院士,1959 年学成归国后,要做的工作就是采集豆科植物根瘤菌标本,用先进的生物学技术方法进行分类,研究植物与根瘤菌的共生关系,找出与每种豆科植物最匹配的根瘤菌,为豆科植物接种所用。 这是一个"既艰辛耗时又偏僻生冷"的方向,是一个名副其实的"冷学问"。 采集根瘤菌是一个艰苦而烦琐的过程。 陈文新院士曾回忆道:"在新疆时,我们早上 8 点钟出发,有时候走一两天采不到一个。 挖出的根瘤,要洗净、干燥、称重、放入试管、注入乙炔,1 小时后再抽出气体密闭保存。 常常要做到夜里 2 点钟,采瘤子真是非常辛苦的一件事,在新疆采瘤时坐一辆吉普车四处奔波,风吹得沙土往车里灌,挖到 1 米多深的坑,人蹲在里面,风刮过就成了'土人'。"在 1988 年,经过 8 年枯燥、烦琐的重复性实验,陈文新发现了一个新属,将其命名为"中华根瘤菌"(*Sinorhizobium*)。 2012 年,党的十八大提出"把生态文明建设放在突出地位",她又与 10 位院士联名向中央上书,提出"建立国家级生物固氮工程技术研究中心"的建议。 在介绍科学家的故事时,教师选择合适的语气和语调,创造一种严肃而神圣的课堂氛围。 然后结合研究生的特点,介绍科学研究的本质就是创新,需要研究人员不畏艰难、敢为人先、勇攀高峰。

由陈文新院士对根瘤菌的研究,学生将领悟到科学研究过程的艰辛:即使都非常熟悉的根瘤菌,也有待开辟的领域。 所谓的冷门,也是大有作为的。 通过科学家故事的引入,使学生了解科学家所具有的隐忍坚守、矢志不渝,守护着所热爱的研究领域的精神。 从学生在课堂上聚精会神听的眼神上,能体会学生对老一代科学家执着追求的敬仰之情。 有学生在课后的考核作业中写道:"读研究生没有什么捷径可走,只有踏踏实实,勤勤恳恳地看文献,进行实验室研究,才能结出丰硕的果实。"有学生写道:"研究生不仅仅是一份文凭,更是一种学习的态度和方法,三年的时间不是混过去，要多读多看。 同时对学术保持热情，要吸收新的知识，不断更新自己的知识，把握住前沿动态，才能成为名副其实的研究生。"

四、"森林土壤生态"团队课程思政典型案例

强化学习交流,探索课程思政实施路径

（一）引文

落实立德树人根本任务，必须将价值塑造、知识传授和能力培养三者融为一体、不可割裂。 全面推进课程思政建设，就是要寓价值观引导于知识传授和能力培养之中，帮助学生塑造正确的世界观、人生观、价值观，这是人才培养的应有之义，更是必备内容。 这一战略举措，影响甚至决定着接班人问题，影响甚至决定着国家长治久安，影响甚至决定着民族复兴和国家崛起。

——《高等学校课程思政建设指导纲要》

（二）简介

北京林业大学林学院土壤学学科教工党支部积极践行"课程思政"理念，围绕研究生高层次人才的培养，探索"课程思政"的有效方法和途径。 2020 年以来，在学院党委的领导下，成立"五分钟林思考"森林土壤生态研究团队，充分凝聚支部党员、研究生班主任以及学科教师的力量，强化课程思政理论学习，依靠典型引路，保持交流渠道畅通，加强经验总结。 将相对独立的专业知识与思政元素有机融合，实现专业课程与思政课程的同向而行。

（三）做法

在教学科研实践过程中，深化 "课程思政"改革， 充分发挥教师党员的带头作用，提高政治站位，统一思想认识。 通过充分调动学生党员和积极分子，保持思想交流渠道畅通，重视学生的反馈，及时调整课堂教学的内容和方式方法，从而提高育人效果。

1. 强化理论学习,提高思想认识

针对目前研究生学习紧张，就业压力大的现实问题，部分学科老师存在疑惑：在有限的时间里，教师抓论文质量，哪有时间去进行思政教育，再说还有思政课的老师呢？ 针对这些想法，团队及时加强对学科教师的思想教育：一是党支部充分利用组织生活会和支部主题日的机会，组织大家学习教育部《高等学校课程思政建设指导纲要》及习近平总书记在全国高校思想政治工作会议上的讲话精神；二是结合学院人才培养模式改革，学习习近平总书记创造性提出的"两山论"思想，指导教师将土壤学科的专业研究与国家的发展融为一体；三是了解和学习我校与其他高校开展课程思政的效果，从成功的经验中拓宽人才培养的视野。

2. 寻求思政途径，融合思政方法

在开展课程思政的初期，团队对相关工作如何开展具有一定疑惑。 在梳理相关问题后，团队成员采取了以下 3 项措施：一是向马克思主义学院担任思政课的老师请教，从狭义和广义的角度认识课程思政的内涵；二是深入学习课程思政的经验和做法，团队教师积极寻找图书帮助，如《媒体中的我们：聚焦上海大学课程思政》一书为课程思政的开展铺垫了落脚点，而《生物学课课程思正教学指南》一书为思政教案的编写，提供了思路，打开了眼界。 三是阅读相关课程思政的文章，通过多种途径的学习，为课程思政的实施奠定了坚实的基础。

3. 畅通学生交流，碰撞思想火花

针对如何落实课程思政，使这一过程看得见摸得着，"森林土壤生态"课程思政团队集思广益，充分挖掘各方面的力量：一是对有关课程思政情况进行摸底调查，对于学习过"森林土壤生态"课程的学生，了解学生对课程思政的关注度、关注的内容以及具体的需求；二是分解课程中的内容，针对每一部分内容，围绕教师科研、生态环境建设成就和林业生态政策等，整理多方面材料；三是通过定期召开课程思政团队会议，征求专家意见，初步拟定课程的思政要素。

（四）成效

通过多种形式的学习交流，教师提高了对课程思政教学理念的认识，在野外科研调查、论文指导以及组会的全过程中，能够自觉地结合国家的林草政策、生态环境建设以及国家自然资源，对学生进行多种知识的传播。 通过"森林土壤生态"课程的教学，硕士研究生深刻认识到：作为研究生的学习目标不应止步于完成论文、拿到毕业证书，而应该在学习专业知识的过程中多思考、多领悟、储备知识、掌握技能，进而为以后的人生之路打下的坚实基础。

"卫星导航定位技术应用"
课程思政教学指南

课程名称:卫星导航定位技术应用

课程类型:必修课

授课对象:本科生

课程学时:32 学时+1 周实习

课程教材:李征航,黄劲松,《GPS 测量与数据处理(第 3 版)》,武汉大学出版社,2016

课程章节:共 6 章

授课教师:闫飞

课程思政教学简介:全球卫星导航定位系统(GNSS)已在国家经济和国防建设的各个领域中得到了广泛的应用。本课程从 GNSS 定位原理、测量作业、数据处理等方面对卫星定位技术进行了由浅入深、循序渐进的讲授和教学,并配以空间数据获取相关案例,加强学生实践操作的能力。同时结合林学院"五分钟林思考"思政教学建设方案与标准,找准思政内容切入点,保证思政内容与课程教学、历史事件、时政内容的紧密联系,培养学生的家国情怀,激发学生的学习热情和创新意识,促进学生牢固掌握并熟练应用科学理论。

"卫星导航定位技术应用"课程思政元素

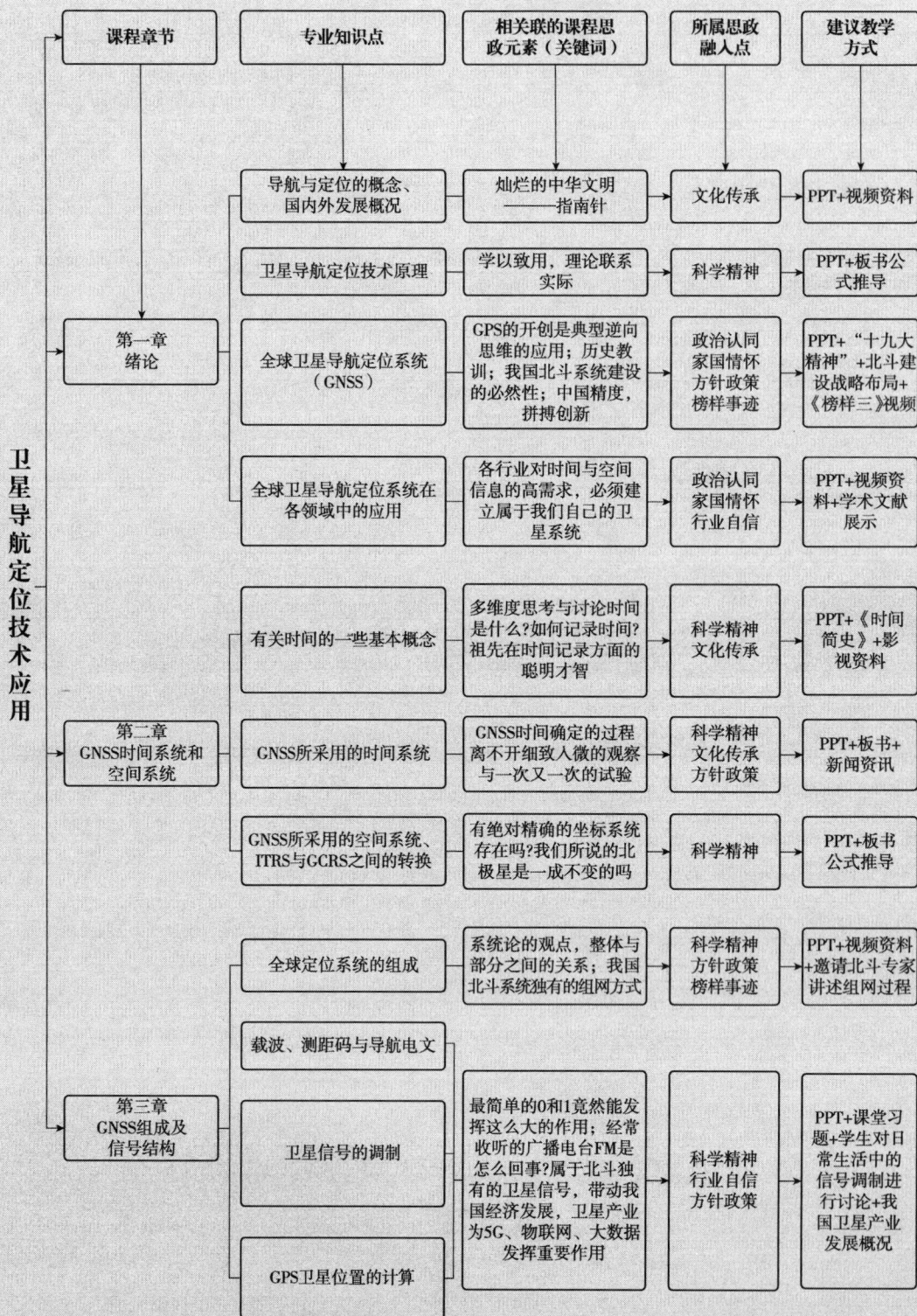

课程章节	专业知识点	相关联的课程思政元素（关键词）	所属思政融入点	建议教学方式
卫星导航定位技术应用 第一章 绪论	导航与定位的概念、国内外发展概况	灿烂的中华文明——指南针	文化传承	PPT+视频资料
	卫星导航定位技术原理	学以致用，理论联系实际	科学精神	PPT+板书公式推导
	全球卫星导航定位系统（GNSS）	GPS的开创是典型逆向思维的应用；历史教训；我国北斗系统建设的必要性；中国精度，拼搏创新	政治认同 家国情怀 方针政策 榜样事迹	PPT+"十九大精神"+北斗建设战略布局+《榜样三》视频
	全球卫星导航定位系统在各领域中的应用	各行业对时间与空间信息的高需求，必须建立属于我们自己的卫星系统	政治认同 家国情怀 行业自信	PPT+视频资料+学术文献展示
第二章 GNSS时间系统和空间系统	有关时间的一些基本概念	多维度思考与讨论时间是什么?如何记录时间?祖先在时间记录方面的聪明才智	科学精神 文化传承	PPT+《时间简史》+影视资料
	GNSS所采用的时间系统	GNSS时间确定的过程离不开细致入微的观察与一次又一次的试验	科学精神 文化传承 方针政策	PPT+板书+新闻资讯
	GNSS所采用的空间系统、ITRS与GCRS之间的转换	有绝对精确的坐标系统存在吗?我们所说的北极星是一成不变的吗	科学精神	PPT+板书公式推导
第三章 GNSS组成及信号结构	全球定位系统的组成	系统论的观点，整体与部分之间的关系；我国北斗系统独有的组网方式	科学精神 方针政策 榜样事迹	PPT+视频资料+邀请北斗专家讲述组网过程
	载波、测距码与导航电文	最简单的0和1竟然能发挥这么大的作用；经常收听的广播电台FM是怎么回事?属于北斗独有的卫星信号，带动我国经济发展，卫星产业为5G、物联网、大数据发挥重要作用	科学精神 行业自信 方针政策	PPT+课堂习题+学生对日常生活中的信号调制进行讨论+我国卫星产业发展概况
	卫星信号的调制			
	GPS卫星位置的计算			

（续）

课程章节	专业知识点	相关联的课程思政元素（关键词）	所属思政融入点	建议教学方式
	相对论效应	时间快慢是怎么回事?辩证唯物主义	科学精神	PPT+影视资料+课后小论文撰写
第四章 GNSS定位中的误差源	钟误差、星历误差、电离层误差、对流层误差、多路径误差	全面看问题的方法论、理论联系实际；科研的基本流程、如何建模；认真严谨、创新务实	科学精神	PPT+板书公式推动+课堂习题
	总结归纳误差消除方法	归纳演绎、发散联想	科学精神	PPT+学生分组，总结讨论不同误差消除方法并提出新的解决方案
	利用测距码测定卫地距、载波相位测量卫地距	理论联系实际、大道至简	科学精神	PPT+动画演示+板书公式推导
第五章 距离测量与定位方法	单差、双差和三差、周跳的探测及修复、整周模糊度的确定	学科交叉，对比分析，学以致用，细致严谨	科学精神	PPT+板书讲解+课堂习题
	单点定位、相对定位、差分GPS	珠峰测量、中国精度、北斗服务中国造福全球，人类命运共同体	政治认同 家国情怀 方针政策 科学精神 榜样事迹 行业自信	PPT+板书公式推导+珠峰测量视频+北斗差分GPS在我国各行业应用
第六章 GNSS测量设计与实施	GNSS测量技术设计、GNSS测量外业准备、GNSS测量外业观测、GNSS数据处理及成果整理	港珠澳大桥建设体现社会主义制度优越性；北斗与林业深度融合应用于森林调查、病虫害防治、林火监测，培养行业自信、认真严谨、艰苦朴素的精神	政治认同 家国情怀 方针政策 科学精神 榜样事迹 行业自信	PPT+北斗测量典型案例+实验实习掌握整套卫星测量方法+最新珠峰测量介绍

卫星导航定位技术应用

一、"卫星导航定位技术应用"课程简介

本课程内容主要包括绪论，GNSS 测量中所涉及的时间系统和坐标系统，全球定位系统的组成及信号结构，GNSS 定位中的误差源，距离测量与定位方法，GNSS 网及其建立，GNSS 测量的技术设计外业及内业数据解算。 本课程在注重掌握 GNSS 原理方法的基础上，配合实验、实习两大环节，重点加强培养学生对卫星定位技术应用操作的能力，使学生知晓该技术在测绘、农林、交通、日常生活等不同领域中的应用现状，并为其日后从事相关业务和科研工作提供有力帮助。 课程涉及知识面较广、理论难度较高，对学生的操作动手能力要求较高，授课时还可以紧密结合我国在卫星导航领域制定的方针政策，实现专业知识与思政内容的有效融合。

（一）专业教学目标

本课程计划完成的教学目标有：①通过结合大地测量学、误差理论、数字通信技术、计算机技术，掌握 GNSS 测量的基本原理、时间系统和空间系统，GNSS 的组成及信号结构，GNSS 定位中的误差源、距离测量与定位方法等理论基础知识。 ②通过系统学习 GNSS 网及其建立方法、GNSS 测量技术设计、外业及内业数据解算，掌握针对不同精度要求下的 GNSS 应用方法和数据处理流程。

（二）教学环节

本课程理论授课为 26 学时，实验为 6 学时，实习为 1 周。

（三）建议教材与教学参考书

李征航，黄劲松，《GPS 测量与数据处理（第 3 版）》，武汉大学出版社，2016 年。

本书是武汉大学"十五"规划教材，内容主要涵盖了"GPS 测量原理及其应用"和"GPS 数据处理"两大部分，紧跟卫星导航发展前沿，除 GPS 的内容外还大篇幅加入了我国北斗系统、GLONASS 系统、伽利略系统等内容，已被多所大学用作本科教学教材，同时也成为研究生及专业技术人员广泛阅读的一本参考书。 本书在讲清 GPS 原理的基础上，通过其中必要的实习使学生具备外业观测和数据处理的能力，重点使学生清楚为什么这么做，培养学生的创新能力。 全书紧密结合我国北斗卫星导航定位技术发展进程，使学生深刻了解北斗这一"大国重器"在我国现代化建设中发挥的作用。

二、"卫星导航定位技术应用"的课程思政教学目标

（一）课程思政特征分析

就本课程而言，根据其专业特征、知识特征和教学特征可得出，其蕴含的思政

元素包括 7 个融合点：政治认同、家国情怀、科学精神、方针政策、文化传承、榜样事迹、行业自信。

1. 政治认同

课程中有诸多案例体现了在中国共产党的领导下，集中力量办大事，实现了"大国重器"北斗系统的组网，充分体现了社会主义制度的优越性。

2. 家国情怀

结合真实历史事件，通过 GNSS 技术在军事、金融、交通、水利、农林及日常生活中发挥的重大作用，使学生深刻体会"落后就要挨打"、没有自主可控的核心技术就只能受制于人的被动局面，引导学生树立服务中华民族伟大复兴的责任感与使命感。

3. 科学精神

卫星定位技术中涉及大量高新技术，为解决高精度的授时和定位功能，我国的先辈们在落后的条件下攻克了一个又一个科学难题，其严谨求实的科学态度、艰苦朴素的优良传统、勇于创新的时代精神值得当代大学生学习。

4. 方针政策

在北斗系统组网建设过程中，党和国家制定的一系列方针政策使学生体会到北斗系统作为"国之重器"的必然性。

5. 文化传承

讲述我国利用天文和大地测量技术进行定位和导航的历史，如四大发明之一指南针，以及陆续出现的罗盘、牵星板等一系列定位方法都充分体现了中华民族的伟大创造力，结合习近平新时代中国特色社会主义思想，使学生增强民族自豪感和认同感。

6. 榜样事迹

在我国北斗系统建设里程中所涌现出的先进人物、榜样事迹数不胜数，老一辈的孙家栋院士、中青年骨干《榜样三》中的王淑芳等案例，无不体现着艰苦奋斗、勇于创新的拼搏精神。他们的事迹鼓舞着青少年的成长成才。

7. 行业自信

放眼全球，能够完全自主组建卫星导航定位系统的国家少之又少。我国不仅自主组建系统，还开创了诸多先进技术，通过比较不同定位系统的技术水平，充分提升学生的行业自信。

（二）课程思政教学目标

"卫星导航定位技术应用"课程是测绘、地理信息相关专业的基础核心课程，虽然涉及的学科面广、学习难度较大，但也包含了特色鲜明的思政元素。因此，本课程根据其专业特征、知识特征和教学特征，融入其所蕴含的政治认同、家国情怀、科学精神、方针政策、文化传承、榜样事迹、行业自信 7 个思政元素,最大限度地激发和培养学生的学习热情和兴趣,培养勇于创新和攻坚克难的精神,让学生自然而然地领会"为谁培养人"和"培养什么样的人"这一教学目标,帮助其树立正确的世界观、价值观和人生观。

三、"卫星导航定位技术应用"课程思政教学案例

教学案例 1:家国情怀

第一章绪论,最后一部分内容是介绍全球主流的 GNSS 系统,主要介绍我国的北斗卫星导航系统。 从"我国为什么要建立自己的卫星导航系统"入手,为学生讲述历史上的真实事件。 20 世纪 90 年代初,海湾战争中卫星制导对军事力量的提升,与卫星导航定位系统的应用有极大关系;日常生活中也离不开卫星定位提供的高精度时间与位置服务,股市开盘、电厂发电、应急救灾、海上调度等与卫星导航相关的技术一直以来被美国垄断;为打破西方世界对我国的技术封锁,我国制定一系列方针政策,自力更生、开拓创新,建立了全球领先的多轨道组网卫星导航系统。 生动的案例提升学生的学习热情,使其体会到中国共产党领导下的社会主义制度优越性。

教学案例 2:严谨求真

在讲授第四章 GNSS 定位中的误差源时,由于卫星钟与地面钟不同步,从而造成了测距不准确,为什么两个地方的时间会不一致? 自然而然地展开关于相对论效应的一些探讨和介绍,而学生对爱因斯坦的故事也极其感兴趣。 通过在课堂播放《与霍金一起环游宇宙》的视频,学生会更加清楚卫星钟为什么会相对于地面钟频率变快,此时学生的脑海里已经有了诸多关于对时空的思考;趁热打铁,布置课后作业,让学生撰写对于时间与空间的思考(角度不限),并在下堂课进行分享,同时给学生推荐相关的科普读物《超越时空》,让课上的知识点对学生的多方面产生影响,既能牢固地掌握理论知识,又极大地促进和培养学生人文思考的能力和习惯。

教学案例 3:理论联系实际,具体问题具体分析

在实验环节,需要学生自己使用卫星定位接收机进行位置确定。 此环节首先让学生在校园空旷的地方(例如操场)进行定位实验,可以较快地得到实验结果,而且定位精度也比较高;其次,在楼宇较多的地方进行实验,例如 7 号楼、10 号楼、8 号楼之间,可以明显地感觉到定位结果差了很多;最后,转移至林下进行定

位，例如在北京林业大学博物馆南面的树林中，可以看到定位结果获得很慢甚至有些地方显示无信号，精度也进一步降低。 从实践的角度，学生可以清楚地掌握周边环境对卫星信号的影响。 如何实现森林定位精度与效率的提升，更好地服务于森林防火、病虫害防治、林业资源调查，这些都会成为他们做研究、写论文的切入点，对其科学精神的培养有非常好的促进作用。

四、"卫星导航定位技术应用"团队课程思政典型案例

北斗导航系统——学生求知路上的领航员

（一）简介

通过教学使学生掌握全球卫星定位系统的组成，明白美国的 GPS 和我国的北斗系统有何异同。 针对 GNSS 的具体使用方法，课上通过实物组装和视频资料演示的方式让学生了解原理。 实验时以小组为单位，在不同环境下按照各自分配的区域进行测量。 通过实践与教学相互促进，使学生深刻理解卫星定位精度是如何受到影响和干扰的，理解我国的北斗卫星导航系统相较于其他系统所具有的优势。 使学生树立家国情怀和远大志向，实现"北斗为学生领航"的目标。

（二）经验做法

（1）针对地理信息科学专业本科生，在教学环节中，将 T23 型多频多星 GNSS 接收机带至课堂，详细介绍接收机的各个组成部分和作用，通过网络资源中幽默风趣的教学视频，使学生对卫星定位操作方法有大致了解。

（2）在实践环节充分做好实验动员和准备工作，分好组、划定好各自测量的区域。 除了 GNSS 接收机外，为学生准备对讲机、油漆、测量钉、警示服等装备，全面模拟真实的卫星测量流程，既增加了学生学习的乐趣，又让学生在不出校园的安全条件下体会真实的卫星测量工作。

（3）将卫星测量的数据传入电脑，利用专业软件进行数据处理，从理论角度观察分析为何在不同环境条件下，测量结果会有如此大的差距，使学生对实践中遇到的具体问题有了清晰的认识。 同时对比 GPS 与我国北斗系统定位结果，得出北斗系统的新型组网方式为我国和亚太地区带来的信号增强与精度提高的优势。

（三）成效

学生对专业知识的学习实现了理论—实践—理论—专业—思考方式的反复强化与提升。 具体说来，首先对理论知识大致了解，然后将知识运用到实践中指导实践，但实践不会一帆风顺，会遇到各种各样的典型问题，通过数据处理与理论知识点的反复对照，分析问题发生机制，实现知识与实践的融会贯通；同时，联想专业与日常生活中碰到的相关问题，例如当学生去往某条著名的古街里进行定位和导

航，为什么定位结果非常差？　在森林环境中进行森林防火、病虫害防治、林业资源调查应用，为什么还要专门进行测试和研究？　有些问题可以得到很好的解决，但有些必须通过科学严谨的实验分析得出。　于是通过持续的思考，激发学生求知欲，促进学生与教师沟通开展相关科学研究，申报"大创"课题，积极参加专业技能大赛（如全国大学生 GIS 技能大赛、北京市测绘技能大赛等），真正实现教学与实践的相互促进。　北斗系统不仅可以帮助学生提升专业素养，更能照亮自身发展、报效祖国的信念之路。

"植被定量遥感技术专题"
课程思政教学指南

课程名称:植被定量遥感技术专题

课程类型:选修课

授课对象:研究生

课程学时:32 学时

课程教材:黄华国,田昕,陈玲,《林业定量遥感:框架、模型与应用》,科学出版社,2020

课程章节:共 6 章

授课教师:黄华国、陈玲、漆建波、李林源、沈亲

课程思政教学简介:本课程面向林学及相关领域的研究生。作为林业院校的研究生,对于遥感技术的应用大部分仍停留在定性以及经验统计阶段,对考虑物理机理的定量遥感技术还较为陌生,因此本课程在传播定量遥感理论、提高林业遥感基础理论水平、推动森林资源监测能力提升方面均起到非常关键的作用。

以专题形式展开的,具体包括定量遥感模型、定量遥感反演方法、林业激光雷达遥感、无人机定量遥感以及森林定量遥感实践案例。各专题包括理论和应用部分均有"浑然天成"的思政元素渗透点,涵盖国家木材安全问题、杰出人物的科研精神、个人理想与社会乃至全人类理想的统一、科技强国的使命和责任、科学与艺术的辩证统一以及批判性思维的培养等。本课程的思政融入点涵盖了家国情怀、方针政策、行业自信、生态文明、道德品质、榜样事迹和科学精神等方面。

"植被定量遥感技术专题"课程思政元素

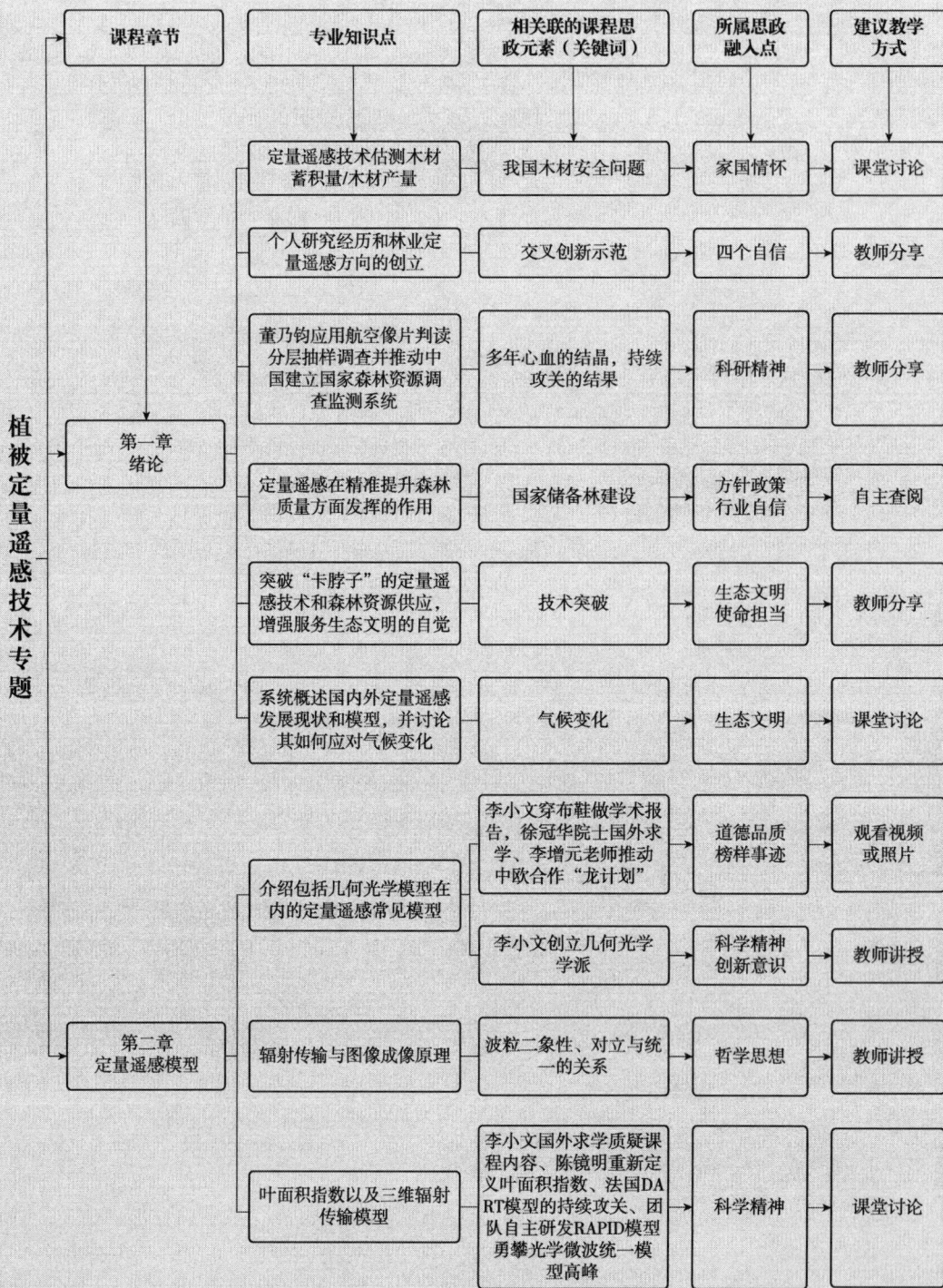

课程章节	专业知识点	相关联的课程思政元素（关键词）	所属思政融入点	建议教学方式
	定量遥感技术估测木材蓄积量/木材产量	我国木材安全问题	家国情怀	课堂讨论
	个人研究经历和林业定量遥感方向的创立	交叉创新示范	四个自信	教师分享
第一章 绪论	董乃钧应用航空像片判读分层抽样调查并推动中国建立国家森林资源调查监测系统	多年心血的结晶，持续攻关的结果	科研精神	教师分享
	定量遥感在精准提升森林质量方面发挥的作用	国家储备林建设	方针政策 行业自信	自主查阅
	突破"卡脖子"的定量遥感技术和森林资源供应，增强服务生态文明的自觉	技术突破	生态文明 使命担当	教师分享
	系统概述国内外定量遥感发展现状和模型，并讨论其如何应对气候变化	气候变化	生态文明	课堂讨论
第二章 定量遥感模型	介绍包括几何光学模型在内的定量遥感常见模型	李小文穿布鞋做学术报告，徐冠华院士国外求学、李增元老师推动中欧合作"龙计划"	道德品质 榜样事迹	观看视频或照片
		李小文创立几何光学学派	科学精神 创新意识	教师讲授
	辐射传输与图像成像原理	波粒二象性、对立与统一的关系	哲学思想	教师讲授
	叶面积指数以及三维辐射传输模型	李小文国外求学质疑课程内容、陈镜明重新定义叶面积指数、法国DART模型的持续攻关、团队自主研发RAPID模型勇攀光学微波统一模型高峰	科学精神	课堂讨论

植被定量遥感技术专题

（续）

课程章节	专业知识点	相关联的课程思政元素（关键词）	所属思政融入点	建议教学方式
植被定量遥感技术专题				
第三章 定量遥感反演方法	阈值法、统计回归法、物理模型法、半经验模型等	传统多样化统计方法	科学精神	学生思考并展示
	多种机器学习方法介绍	先进智能化统计方法以及李小文的"遥感道歉"	科学精神 道德品质	教师讲授 实践操作
	深度学习	李开复的《AI未来》中关于AIphaGO战胜世界围棋冠军柯洁的分析；遥感人工智能纯正团队——武汉大学袁强强发表的高被引遥感顶级综述	科学精神 行业自信	视频或图片
	由深度学习扩展到人工智能	李开复关于人工智能中的哲学，引出李开复事迹——"中国改革开放海归40年40人"榜单	道德品质	学生思考并讨论
	遥感反演中存在的问题	武红敢坚持变色立木的定义、李小文对病态反演的坚持、"黑盒子"和"白盒子"的争辩、数理统计模型与深度学习模型的差异	科学精神	教师讲授 学生思考
	反演结果制图的规范	归纳演绎、疆域完整地绘制国土丹青，做大国林人匠人	法律法规 方针政策	示例展示
第四章 林业激光雷达遥感	SpaceX发射的GEDI是最新的揭示全球森林生态系统三维结构的激光雷达卫星	SpaceX创始人是号称"硅谷钢铁侠"的埃隆·马斯克	榜样事迹	教师讲授
		把人生理想融入国家民族乃至全人类的事业中	方针政策	思考并讨论
	国产激光雷达卫星；国产点云魔方、360软件的自主研发	自主研发	家国情怀 行业自信	教师讲授 学生操作
	CSF点云滤波算法案例、高光谱激光雷达前沿、"张正友标定法"	反转思维	创新精神	教师讲授

（续）

课程章节	专业知识点	相关联的课程思政元素（关键词）	所属思政融入点	建议教学方式
第五章 无人机定量遥感	无人机的研发与应用	国产大疆无人机如何走向世界	家国情怀 行业自信 创新思维 使命担当	学生查阅并展示
	无人机数据处理程序	普通无人机相片如何做出定量遥感产品		实践操作
		国产的无人机应用程序		实践操作
第六章 森林定量遥感实践案例	四大专题引出六大案例	案例全方位覆盖理论层面	科学精神	教师讲授
		现代研究非单一的知识点可以解决；地面调查、空中飞行、卫星观测、计算机处理、产品推广等需要通力合作；大成果大合作	合作意识	示例展示学生思考并展示
		"榜样的力量"，但并非完美，需持有"弃其糟粕，取其精华"的态度，不盲目崇拜和被动接受；要不畏艰难，勇往直前	科学精神	学生思考并展示

植被定量遥感技术专题

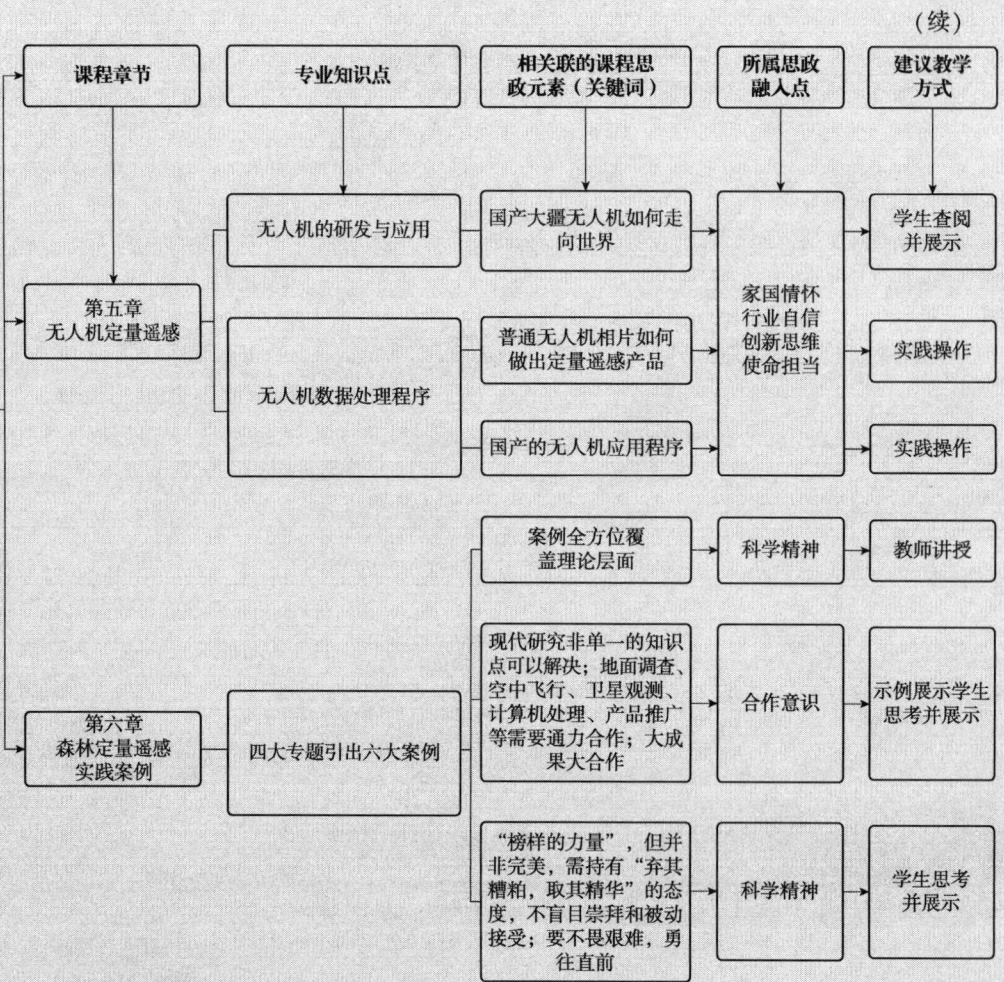

一、"植被定量遥感技术专题"课程简介

（一）课程定位

该课程是林学、草学、生态学等植被相关专业的专业选修课，以习近平生态文明思想、习近平总书记关于教育的重要论述等精神为指引，以党的教育方针为根本遵循，结合北京林业大学"知山知水、树木树人"办学理念、林学"一流"学科定位和林草行业对定量遥感的强烈需求，为培养扎根中国大地的既懂林草生态又懂高级遥感的创新性、复合型、应用型领军人才服务。

通过引导具备定性分析方法或经验统计遥感应用技术的林学及相关领域的研究生，由浅入深地学习具备物理机理的定量遥感理论与技术，并达到融入具体科学研究的水平。 因此，本课程在传播定量遥感理论、提高林业遥感基础理论水平、推动森林资源监测能力提升等方面均起到非常关键的作用。

（二）主要内容

课程围绕陆地植被，尤其是森林定量遥感的基础理论和研究方法，以专题文献阅读为主，解析植被定量遥感应用的最新研究成果，系统培养研究生深入地掌握植被定量遥感的相关基础知识和专业知识，掌握应用定量遥感解决林业资源监测问题的基础知识和基本方法。 同时，以森林定量遥感为核心，以专题的形式分别从森林分类、森林结构参数、光合有效辐射、地上生物量以及森林动态变化监测5个方面，讲授定量遥感在森林领域的应用前沿。

（三）基本要求

课程坚持立德树人的根本任务，为林草行业培养高级遥感人才，为培养社会主义建设者和接班人作出新贡献。

学生需要预修计算机基础、计算机编程基础（IDL、R 或者 Matlab 等）、遥感原理与应用以及林业遥感等。 选用教材为本课程负责人黄华国主编的《林业定量遥感：框架、模型与应用》，同时还可参考刘良云的《植被定量遥感原理与应用》和梁顺林的《定量遥感》，此外，各专题案例来源于近3年的权威研究报道。

二、"植被定量遥感技术专题"的课程思政教学目标

（一）课程思政特征分析

①研究生课程属性：考虑到研究生的年龄结构和思想复杂性，课程把"政治认同"和"四个自信"作为两个基础目标。 ②交叉学科属性：需要深入挖掘"多维交叉"的思政维度。 从林学角度，重点突出生态文明、林学情怀和理论修养；从定量遥感角度，重点突出遥感强国、专业素养和合作精神；从科研角度，强调全球视野、科学精神和创新思维。 ③专题属性：结合课程的专题授课模式，针对课程

专业内容，可以从"双碳"战略（二氧化碳排放力争于 2030 年前达到峰值，努力争取 2060 年前实现碳中和）、院士事迹、人物案例、人类命运共同体、科技强国使命担当和辩证法思维等方面入手，自然融入生态文明、遥感强国和全球视野等思政维度。

　　绪论中涉及的国家木材安全和生态安全问题、国家储备林建设项目和国家森林资源监测系统、遥感技术、森林资源供应和交叉创新示范等，所关联的思政融合点包括家国情怀、行业自信、科研精神和使命担当。专题一中谈及以李小文院士、徐冠华院士以及林业领域德高望重的前辈李增元等杰出科学家的事迹，并推出本教学团队自主研发的辐射传输模型等，所关联的思政融合点包括科学精神、道德品质、哲学思想以及榜样事迹。专题二主要是介绍新颖且多样化的先进技术方法以及存在的矛盾、难关与问题等，所关联的思政融合点为科学精神、使命担当、道德品质和法律法规。专题三涉及国产激光雷达数据获取和分析技术，以及个人理想如何融入社会乃至全人类的事业中，所关联的思政融合点为榜样事迹、创新精神、家国情怀以及方针政策。专题四涉及国产无人机方面的硬件和软件设备的开发与科研支撑，肩负科技强国的使命和责任，所关联的思政融合点为家国情怀、创新思维、行业自信与使命担当。专题五的案例分享中涵盖的融会贯通以及批判性思维，所关联的思政融合点为科学精神和创新意识等。

　　（二）课程思政教学目标

　　本课程的思政教学目标是融入专业教学目标，旨在"立德树人，为林草行业培养遥感人才"。具体可凝练为以下四大方面：一是从"四个面向"找问题，包括国际前沿、国家战略、国民经济以及全民健康；二是站在全局看问题，强调家国情怀、全球视野、航天历史以及林业未来；三是思考破局解问题，启发学生思考当前困境，鼓励他们大胆提出解决途径。四是学好本领塑未来，教导学生要理论与实践相结合，脚踏实地，内化于心。

三、"植被定量遥感技术专题"课程思政教学案例

教学案例 1：家国情怀

　　木材安全是关系生态文明和社会主义现代化建设的重大战略问题。从我国的木材安全问题出发，启发学生对本课程重要性的系统认识。我国启动国家储备林建设，是对"绿水青山就是金山银山"科学理念的生动诠释，是推进林业供给结构性改革的重要抓手，是精准提升森林质量的重要工程，对推进林业现代化建设具有重要意义。

　　那么遥感技术，尤其是植被定量遥感技术在此过程中可以发挥的作用是什么？

绪论环节的"五分钟林思考"则通过介绍国内外植被定量遥感的发展，各种定量遥感模型，以及定量遥感为我国林业行业带来的机遇和挑战，启发学生对本课程授课内容的系统认识。 例如，由蓄积量在衡量国家木材安全方面的重要性引出遥感在蓄积量估算方面的优势，从而引发学生们从经济效益和生态效益等方面的思考：植被定量遥感技术在积极应对气候变化，彰显我国责任与担当方面，如何发挥重要作用？ 从而引导学生思考：通过本课程的学习和应用，如何精准经营我国森林，达到供需平衡而不受制于人？ 进一步引导学生树立服务国家富强和民族复兴的责任感与使命感，传递中国力量和中国担当。

教学案例 2：榜样事迹

通过回顾遥感模型的发展史，了解一些主要贡献者，并通过对这些科学家事迹的了解，激发学生的学习热情，让他们充分认识到发展一个模型的不易，具体通过李小文院士的事迹，激发学生的科研热情，希望学生能够建立起肯坐"冷板凳"、愿意为科学而努力奋斗、严谨治学的科学家精神。 在教学实施过程中带大家了解李院士是因为日常细心观察才得以创造出几何光学模型，并由此创立了定量遥感的几何光学学派，培养学生提高观察能力进而提升科研创新能力。 此外，在讲授案例的同时，讲述一些李院士本人的真实经历，让大家能够全方位地感受榜样的人格魅力。 例如，通过李院士在国外读博期间对国外计算机图像处理课程内容的质疑，引导大家建立正确的科研批判思维。 类似地，该课程为学生们介绍的行业榜样还包括徐冠华、李增元、陈镜明、武红敢、李开复、埃隆·马斯克等，大大拓展了学生们的思维广度。

教学案例 3：行业自信

首先，本课程团队自主研发的三维辐射传输模型（RAPID 和 LESS 模型）在业界的知名度越来越高，课程讲授者将开发初心、过程以及结果娓娓道来，可以使学生切身体会行业自信。 另外，在讲民用无人机发展史的过程中，重点介绍世界上首屈一指的民用无人机生产商——中国深圳大疆创新科技公司在无人机研发与应用中作出的巨大贡献，介绍我国政府在民用无人机科研与产业的发展过程给予的重大支持。 在讲无人机数据预处理的过程中，详尽介绍常用预处理的各个步骤，其中在三维点云构建与处理中，强调我国科学家在软件开发与算法发展中做出的重要贡献。 尤其是"点云魔方"软件、"布料模拟滤波"算法、"张正友标定法"等。

通过本课程的学习，使学生对于三维辐射传输原理以及建模、无人机数据类型与常用处理方式，以及植被参数反演方法与案例形成相对完整的轮廓认知，拓展学生的知识面与知识层次；教导他们掌握关键的数据处理方法，并重点关注国内科学家在领域内做出的关键成就，解决"卡脖子"问题；教育学生热爱科学，追踪新技术，激发学生的行业自信，使其肩负起科技强国的使命和责任。

四、"植被定量遥感技术专题"团队课程思政典型案例

多样化方法中科学和艺术的共存

（一）简介

本课程的第二专题是定量遥感反演方法，方法具有多样化特征，而且随着时代的进步，不断出现新的更先进的方法，超越甚至可能完全替代传统的方法，因此对方法的学习和掌握不可简单罗列，而需要循序渐进、融会贯通，与实践相结合，并引发学生深度思考，在培养科学精神的同时也涉及道德品质的培养。 具体实现方式包括定义的导入、案例的衔接，在传统方法介绍的基础上引出智能化方法，包括机器学习、深度学习，以人工智能中的哲学问题来结尾，能够引发学生思考并讨论关于未来人工智能时代，人类体现生命意义的途径以及人与自然和谐发展的理念和规律等，从科学精神上升到了人文关怀。

（二）经验做法

考虑到林学背景的学生对于"遥感反演"的陌生，授课教师开门见山地用简易版示意图解释，增强本节课程的带入感。 定义的解释相对含蓄，通过类比引申和具体实例的技术流程图的讲解，来协助理顺方法实施的总体思路，并引申出不同方法在具体流程中扮演的角色。

循序渐进最符合大众思维模式，故案例从传统方法的介绍开始，包括简单的经验统计法和复杂的物理机理模型，顺其自然过渡到难度适中、拟合能力强的智能化机器学习以及深度学习方法。 尽可能多地使用图片以及色彩，增强视觉冲击感，加深学生的理解和记忆，增强课程内容的文艺色彩，甚至采用当前学生比较喜欢的表情包活跃课堂气氛。 例如，讲到神经网络结构的"黑匣子"特征——"看得见输入和输出，看不见中间过程，但能提供理想的结果"，类比引申出《小王子》中飞行员为小王子画羊的过程，让学生深度认识关于爱和责任，给他们带来积极向上的力量；同时，强调定量遥感既是技术也是科学，科学的发现和技术应用都有艺术创作的过程，其成果本身就是艺术。 比如古诗"遥望齐州九点烟，一泓海水杯中泻"的浪漫主义，其实就是遥感科学诞生的动力和诗意写照。 这些都可以让学生体会科学和艺术的共存辩证关系。

在具体介绍深度学习的遥感应用过程时，给学生们推荐一篇遥感顶级期刊上的ESI 热点论文、高被引的综述文章，并隆重推出作者团队是全球遥感领域在人工智能方向的一个非常纯正的中国团队——武汉大学测绘学院年轻有为的袁强强教授团

队，通过榜样事迹建立学生们的行业自信。 最后，分享人工智能先驱李开复的事迹，他写了两本关于人工智能的书、写了七封"给中国学生的信"、在 TED 上做了两场关于人工智能的演讲，他战胜了晚期淋巴癌，具有非常丰富的生命体验，对生命存在的意义进行了深层次的思考，尤其是 AI 时代人类存在的意义。 通过榜样事迹和家国情怀鼓舞学生，并鼓励学生在科研之外也变得"文艺"起来，能在空余的时间多读读书，听听有意义的演讲，深度思考一下蕴含在课程中的人生哲学。

（三）成效

该典型案例核心思想是"多样化方法中科学和艺术的共存"，主要的思政融入点包含科学精神、道德品质、家国情怀与行业自信等方面。 与以往未融入思政元素的授课相比，最直接的成效就是润物细无声地融入了多样化的激励元素，而不再是枯燥的理论方法讲授。 这种尝试不仅活跃了课堂气氛，还能引导学生从领域内榜样事迹中感受家国荣誉以及行业自信，思考关于科学和艺术之间的辩证关系，甚至鼓励学生重新认识爱与责任，积极传播正能量。 可以说，思政元素的融入将本案例的讲授进行了横向的拓展，带给研究生别样的体验感，还能够激励研究生在繁忙的科研学习之余，合理安排自己的业余时间，丰富自己的文化底蕴，使得文艺与科研融会贯通，真正地体会到：生活不止眼前的科研，还有诗与远方。

"森林培育学 A"课程思政教学指南

课程名称:森林培育学 A

课程类型:必修课

授课对象:本科生

课程学时:48 学时

课程教材:翟明普,马履一,《森林培育学(第 4 版)》,中国林业出版社,2021

课程章节:共 15 章

授课教师:贾黎明、敖妍

课程思政教学简介:①课程性质:"森林培育学 A"是林学专业的专业核心课程,也是林学专业学生学习森林培育基本理论与技术的主要途径。森林培育在生态建设与保护、木材和非木质林产品生产、人民生活质量提高、森林资源提质增量等方面发挥重要作用,有力保障我国生态安全和资源安全。

②主要目的:通过"森林培育学 A"教学,使学生学会思考,熟练掌握森林培育原理和技术要点,充分了解本领域国内外进展,实现理论与实践相结合。让学生能在生产实践中灵活应用所学知识解决实际问题;培养学生林学情怀、使命担当和专业修养。

③课程思政:以习近平总书记提出的"把思想政治工作贯穿教育教学全过程""六个下功夫"为纲领,围绕树立林学类学生社会主义核心价值观目标,创新形成以"五分钟林思考"课程思政为特色,建立"思专融合"的课程教学体系。该教学体系深入挖掘林学类专业课程思政要素和育人功能,以"树情怀,立使命,培修养"为主线,以"四大'林思考'教学模式"为措施,以"思专融合"教学为核心,全面提高课程教学质量,实现三全育人目标。

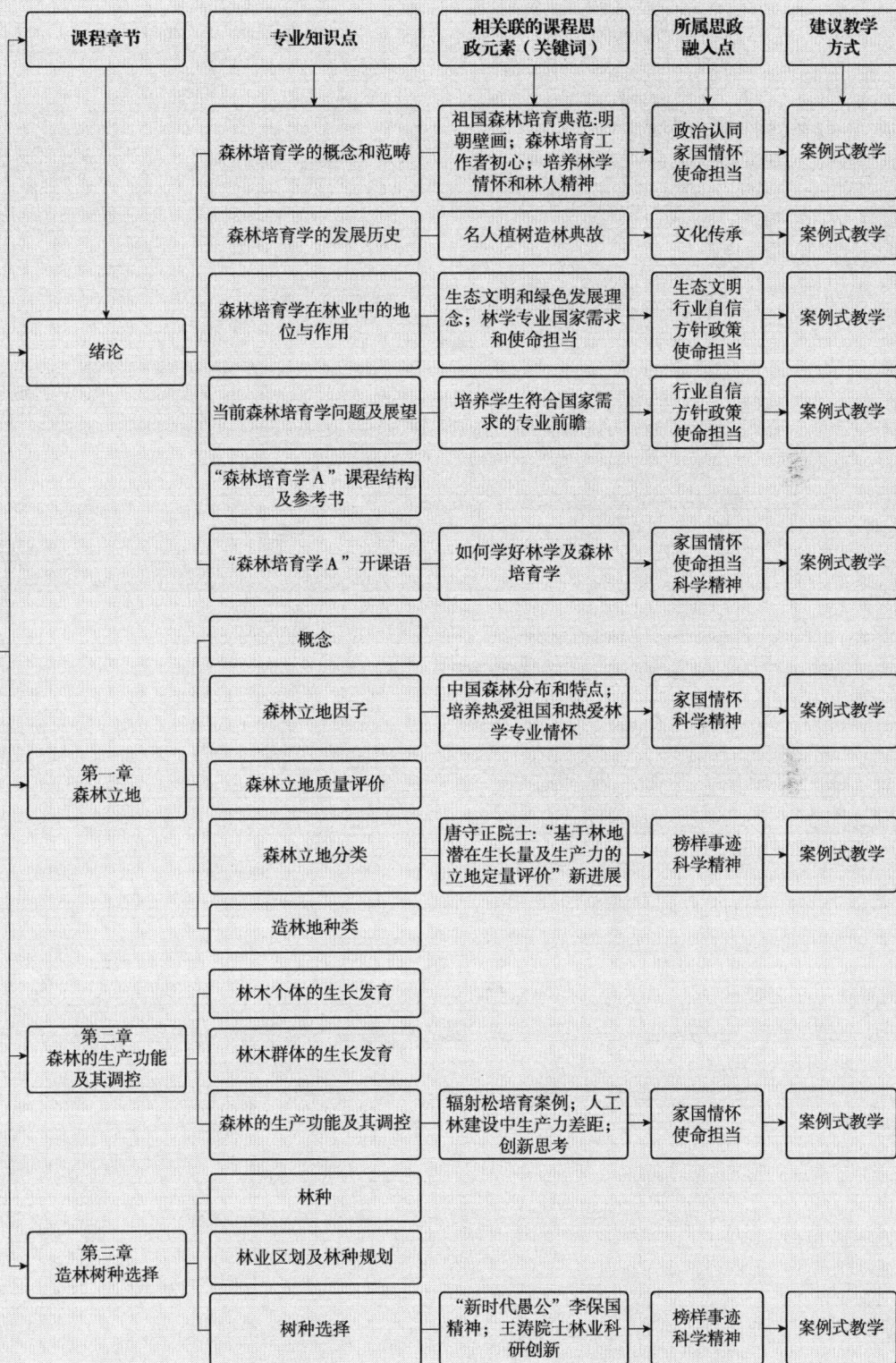

"森林培育学 A"课程思政元素

课程章节	专业知识点	相关联的课程思政元素（关键词）	所属思政融入点	建议教学方式
	森林培育学的概念和范畴	祖国森林培育典范:明朝壁画；森林培育工作者初心；培养林学情怀和林人精神	政治认同家国情怀使命担当	案例式教学
	森林培育学的发展历史	名人植树造林典故	文化传承	案例式教学
绪论	森林培育学在林业中的地位与作用	生态文明和绿色发展理念；林学专业国家需求和使命担当	生态文明行业自信方针政策使命担当	案例式教学
	当前森林培育学问题及展望	培养学生符合国家需求的专业前瞻	行业自信方针政策使命担当	案例式教学
	"森林培育学 A"课程结构及参考书			
	"森林培育学 A"开课语	如何学好林学及森林培育学	家国情怀使命担当科学精神	案例式教学
	概念			
	森林立地因子	中国森林分布和特点；培养热爱祖国和热爱林学专业情怀	家国情怀科学精神	案例式教学
第一章森林立地	森林立地质量评价			
	森林立地分类	唐守正院士:"基于林地潜在生长量及生产力的立地定量评价"新进展	榜样事迹科学精神	案例式教学
	造林地种类			
	林木个体的生长发育			
第二章森林的生产功能及其调控	林木群体的生长发育			
	森林的生产功能及其调控	辐射松培育案例；人工林建设中生产力差距；创新思考	家国情怀使命担当	案例式教学
	林种			
第三章造林树种选择	林业区划及林种规划			
	树种选择	"新时代愚公"李保国精神；王涛院士林业科研创新	榜样事迹科学精神	案例式教学

森林培育学 A

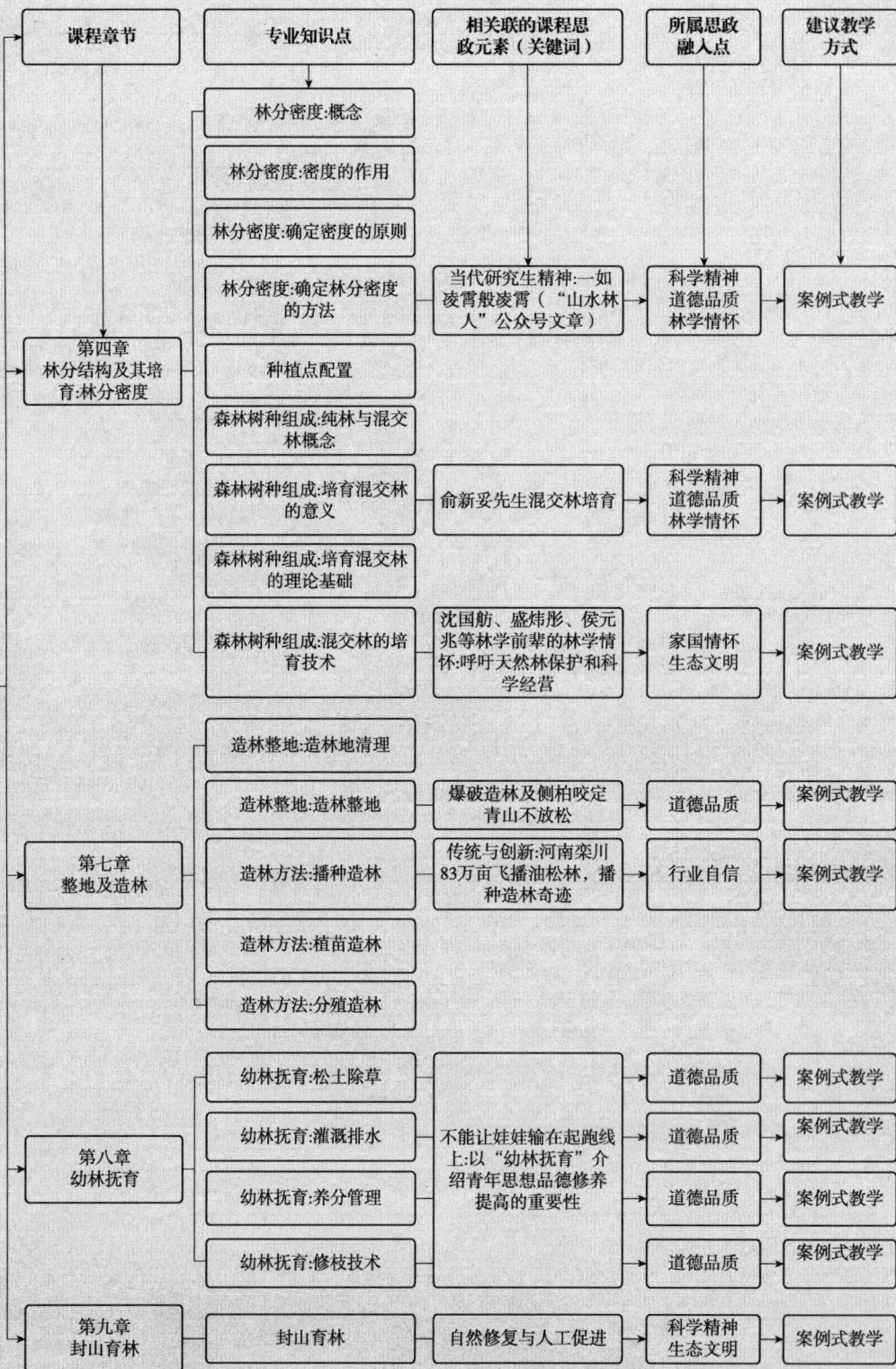

（续）

课程章节	专业知识点	相关联的课程思政元素（关键词）	所属思政融入点	建议教学方式
森林培育学A				
第四章 林分结构及其培育:林分密度	林分密度:概念			
	林分密度:密度的作用			
	林分密度:确定密度的原则			
	林分密度:确定林分密度的方法	当代研究生精神:一如凌霄般凌霄（"山水林人"公众号文章）	科学精神 道德品质 林学情怀	案例式教学
	种植点配置			
	森林树种组成:纯林与混交林概念			
	森林树种组成:培育混交林的意义	俞新妥先生混交林培育	科学精神 道德品质 林学情怀	案例式教学
	森林树种组成:培育混交林的理论基础			
	森林树种组成:混交林的培育技术	沈国舫、盛炜彤、侯元兆等林学前辈的林学情怀:呼吁天然林保护和科学经营	家国情怀 生态文明	案例式教学
第七章 整地及造林	造林整地:造林地清理			
	造林整地:造林整地	爆破造林及侧柏咬定青山不放松	道德品质	案例式教学
	造林方法:播种造林	传统与创新:河南栾川83万亩飞播油松林,播种造林奇迹	行业自信	案例式教学
	造林方法:植苗造林			
	造林方法:分殖造林			
第八章 幼林抚育	幼林抚育:松土除草		道德品质	案例式教学
	幼林抚育:灌溉排水	不能让娃娃输在起跑线上:以"幼林抚育"介绍青年思想品德修养提高的重要性	道德品质	案例式教学
	幼林抚育:养分管理		道德品质	案例式教学
	幼林抚育:修枝技术		道德品质	案例式教学
第九章 封山育林	封山育林	自然修复与人工促进	科学精神 生态文明	案例式教学

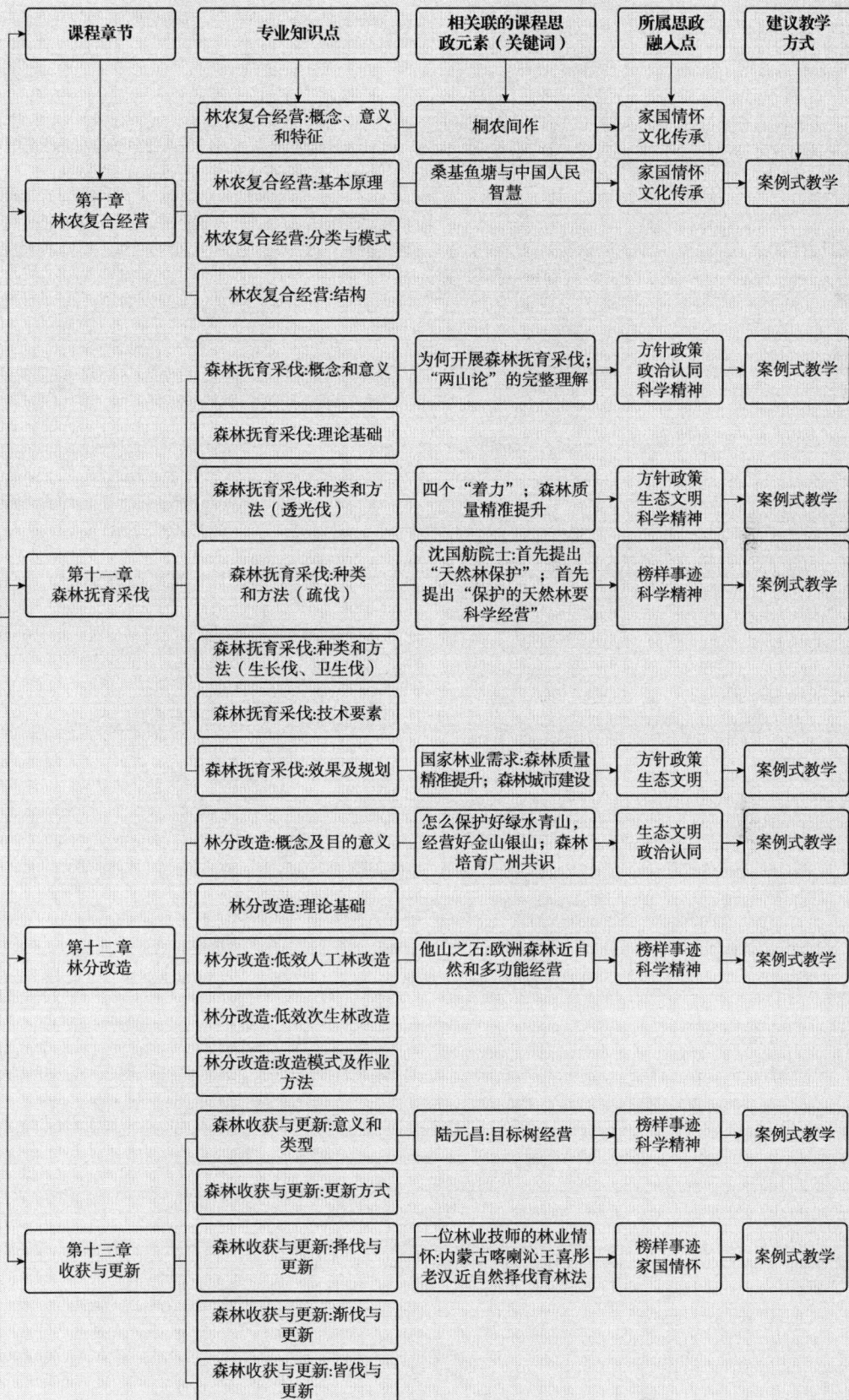

（续）

课程章节	专业知识点	相关联的课程思政元素（关键词）	所属思政融入点	建议教学方式
第十章 林农复合经营	林农复合经营:概念、意义和特征	桐农间作	家国情怀 文化传承	案例式教学
	林农复合经营:基本原理	桑基鱼塘与中国人民智慧	家国情怀 文化传承	
	林农复合经营:分类与模式			
	林农复合经营:结构			
第十一章 森林抚育采伐	森林抚育采伐:概念和意义	为何开展森林抚育采伐；"两山论"的完整理解	方针政策 政治认同 科学精神	案例式教学
	森林抚育采伐:理论基础			
	森林抚育采伐:种类和方法（透光伐）	四个"着力"；森林质量精准提升	方针政策 生态文明 科学精神	案例式教学
	森林抚育采伐:种类和方法（疏伐）	沈国舫院士:首先提出"天然林保护"；首先提出"保护的天然林要科学经营"	榜样事迹 科学精神	案例式教学
	森林抚育采伐:种类和方法（生长伐、卫生伐）			
	森林抚育采伐:技术要素			
	森林抚育采伐:效果及规划	国家林业需求:森林质量精准提升；森林城市建设	方针政策 生态文明	案例式教学
第十二章 林分改造	林分改造:概念及目的意义	怎么保护好绿水青山，经营好金山银山；森林培育广州共识	生态文明 政治认同	案例式教学
	林分改造:理论基础			
	林分改造:低效人工林改造	他山之石:欧洲森林近自然和多功能经营	榜样事迹 科学精神	案例式教学
	林分改造:低效次生林改造			
	林分改造:改造模式及作业方法			
第十三章 收获与更新	森林收获与更新:意义和类型	陆元昌:目标树经营	榜样事迹 科学精神	案例式教学
	森林收获与更新:更新方式			
	森林收获与更新:择伐与更新	一位林业技师的林业情怀:内蒙古喀喇沁王喜彤老汉近自然择伐育林法	榜样事迹 家国情怀	案例式教学
	森林收获与更新:渐伐与更新			
	森林收获与更新:皆伐与更新			

森林培育学A

（续）

课程章节	专业知识点	相关联的课程思政元素（关键词）	所属思政融入点	建议教学方式
	区域森林培育:东北地区	林家铺子人的品格:执着、坚守、实干、担当、真诚、豁达、潇洒、豪放	道德品质家国情怀	案例式教学
	区域森林培育:华北地区	太行山绿化	家国情怀科学精神	案例式教学
第十六章区域森林培育	区域森林培育:西北地区			
	区域森林培育:华东地区	无患子:天赐佳木惠泽苍生	家国情怀文化传承	案例式教学
	区域森林培育:华南地区	桉树:一株树解决中国25%自给木材	科学精神使命担当	案例式教学
	区域森林培育:西南地区			
第十七章林业生态工程与森林培育	林业重点工程:概念及工程概述	"三北"等防护林体系、天然林保护、退耕还林还草、京津风沙源治理、国家储备林建设等重点林业工程	方针政策生态文明科学精神使命担当	案例式教学
	林业重点工程:天保、退耕、防护林			案例式教学
	林业重点工程:用材林、其他			案例式教学
森林培育云实习	导航与定位的概念、国内外发展概况	家乡自然人文与森林培育	家国情怀科学精神	案例式教学

森林培育学A

一、"森林培育学 A"课程简介

（一）专业教学目标

"森林培育学 A"是林学专业学生学习森林培育中基本理论与技术的主要途径，是林学专业的专业核心课程。森林培育在生态建设与保护、木材和非木质林产品生产、人民生活质量提高、森林资源提质增量等方面发挥重要作用，有力保障我国生态安全和资源安全。通过"森林培育学 A"教学，使学生熟练掌握森林培育的主要原理和技术要点，充分了解森林培育基本理论与技术的国内外进展，实现理论与实践相结合，学会专业理论和技术思考，能够在未来的生产实践中灵活应用所学知识解决森林培育实际问题；通过学习，培养学生林学情怀、使命担当和专业修养；该课程学习对林业及相关行业培养合格的技术与管理人才起到骨干支撑作用。"森林培育学 A"在学习森林生长及生产力调控、适地适树、森林结构等理论基础上，主要讲授森林营造、森林抚育、森林主伐、森林更新等技术，并讲授重点林业工程与森林培育、区域森林培育的相关内容。

（二）教学环节

课堂讲授 48 学时，实习和课程设计 1.5 周。

（三）建议教材与教学参考书

翟明普，马履一，《森林培育学(第 4 版)》，中国林业出版社，2021 年。

翟明普，沈国舫，《森林培育学(第 3 版)》，中国林业出版社，2016 年。

沈国舫，《森林培育学》，中国林业出版社，2001 年。

孙时轩，《造林学》，中国林业出版社，1992 年。

盛伟彤，《中国人工林及其育林体系》，中国林业出版社，2014 年。

黄枢，沈国舫，《中国造林技术》，中国林业出版社，1993 年。

中国树木志编委会，《中国主要树种造林技术》，中国林业出版社，1982 年。

Mark S. Ashton，Matthew，Wiley，2017 年。 J. Kelty，《The Practice of Silviculture：Applied Forest Ecology（10th Edition)》

二、"森林培育学 A"的课程思政教学目标

（一）课程思政特征分析

该课程全面贯彻习近平总书记"把思想政治工作贯穿教育教学全过程""实现三全育人""六个下功夫"的精神和要求，以"树情怀，立使命，培修养"为主线，围绕政治认同、家国情怀、科学精神、方针政策、生态文明、文化传承、道德品质、榜样事迹、行业自信、使命担当共 10 个课程思政融入点，开展课程思政教学。在"专业榜样'林思考'课堂教学模式"中，主要在课堂教学中融入家国情

怀、科学精神、榜样事迹、方针政策、生态文明、行业自信、使命担当等课程思政点；在"创新理论'林思考'课堂教学模式"中，主要在课堂教学中融入政治认同、方针政策、生态文明、使命担当等课程思政点；在"实践引领'林思考'课外教学模式"中，主要在课堂外教学中融入政治认同、家国情怀、文化传承、道德品质、使命担当等课程思政点；在"思想引领'林思考'课外教学模式"中，主要在课堂外教学中融入家国情怀、科学精神、文化传承、道德品质、榜样事迹、行业自信、使命担当等课程思政点。课程创新采用"春雨浸润式"专业课程思政教学方法，不是"说教"，而是潜移默化、润物无声，达到"思专融合"的课程教学目标。

（二）课程思政教学目标

以习近平总书记提出的"把思想政治工作贯穿教育教学全过程""六个下功夫"为引领，围绕树立林学类学生社会主义核心价值观目标，创新形成以"五分钟林思考"课程思政为特色，"思专融合"的课程教学体系。该教学体系深入挖掘林学类专业课程思政要素和育人功能，以"树情怀，立使命，培修养"为主线，以"四大'林思考'教学模式"为措施，融入政治认同、家国情怀、科学精神、方针政策、生态文明、文化传承、道德品质、榜样事迹、行业自信和使命担当等十大思政元素，以"思专融合"教学为核心，全面提高课程教学质量，达到三全育人目标。

三、"森林培育学 A"课程思政教学案例

教学案例 1：仪式感的开课语

用教师对林学的爱激发学生林学情怀，用教师拍摄的美丽森林唤起学生热爱祖国胸怀和建设祖国生态环境使命担当，用亲身经历教导学生学好林学方法。

学者格言：作为林人，爱山乐水，是森林中的"痴人"；作为学者，勤于思考，乐于实践，耐得寂寞；作为教师，教学生把握当下，放眼未来；作为导师，不做"老板"，指导研究生做人、做事、做学问。徜徉于森林，研得林中奥妙，摄得苍翠嫣红，学习着、工作着并快乐着……

开课语：别人的旅游地是我们的工作地，我们学习着、工作着并快乐着！展示一组教师拍摄的无比绚丽的森林摄影作品。解说语：西藏鲁朗林海——伟岸壮丽；黑龙江大兴安岭——凤凰涅槃；黑龙江小兴安岭——五彩斑斓；新疆伊犁河谷——林草辉映；浙江天目森林——大树王国；河北塞罕坝森林——童话铸就。美丽祖国的森林需要我们去呵护、去建设。

学好林学方法：背十遍书不如看一眼；走过路过不要错过！路上有诗和远方，更有学识。解读"油松是否永远是平顶松""爆破造林是否是花盆里栽树"

"桉树林是否天上不飞鸟,地下不长草",解读自己在万米高空民航飞机上如何"邂逅长白山天池——如女神般惊艳"。

教学案例 2:刺槐花香与林学情怀

用"山水林人公众号"文库原创文章,实现"三全育人"之全程育人。

摘录文字:停车循着花香走,总能看到那满树蝶形的洁白。 索性坐在黄土梗上,闻着花香,静半个小时。 起得身来,已觉接了仙气,小悟了人间。 入得北京林业大学,每年刺槐花季的晚上,我总会到一教两排树下,去感受那我能读懂的沁香。 也会在那个季节上课时,问学生"近日校园有何不同?"同学们竟然大多能脱口而出:"闻到了槐花香。" 要知道,那个时节,校园里姹紫嫣红,有各种各样花香,还有城市春季的其他味道,他们能在纷繁复杂的气味中识得槐香,去年我突然悟出这是一份"林业情感""林学情怀"。 我的学生中,有不少能识得槐香……他们在那个季节都会谈论这份"识得",谈论这份香的静静、柔柔、淡淡却浓浓。 我便酸他们几句,说他们是有"林学情怀"之人。 在现代社会繁杂气味中,识得这份淡雅、飘忽入骨的香,也需要一种勇气、豪气、寻觅、求索、镇定与坚守……

教学案例 3:森林能带给大众什么?

用教师对林学的感悟教育学生尊重生命、热爱森林、开展绿色教育。

摘录文字:森林自然教育之"八大感知"。 生命感知:尊重生命,敬仰生命,珍爱生命,坚强生活;生态感知:热爱、保护、建设绿水青山;美学感知:树木、动物、花草、地貌、河湖、瀑布、天象之美;生产感知:可再生资源生产,绿色银行;情感感知:博大和宽广胸怀、家国情怀和自然情怀养成;五觉感知:嗅视听味触;健康感知:强身健体、心理抚慰;文化感知:生态文化、森林文化。

生命感知:山野——生命璀璨

在一处山石断崖,遇到鸢尾科的射干,才露尖尖角的幼苗正在山石窝积累的腐殖物上新绿盎然。 在她们上面大约 1 米高的岩石缝里,两株去年的射干植株虽然枯萎但仍挺立着,一株枝叶完整且带着残花,一株没了花梗但枝叶残存。 瞬间,我感受到一种伟大的生命传承,被震撼得泪眼模糊。 父母不仅给了孩子们生命(种子落到下方萌发),还用身躯成就了孩子们生长的沃土(腐殖物是上方父母、祖辈残体形成)。 逝去的双亲,在天际凝视着、抚慰着、激励着孩子们。 而孩子们在下方努力萌动着、成长着、期盼着,期盼着看到双亲、靠近双亲,期盼双亲知悉她们在努力、在成长,请双亲放心……刹那间,我悟了! 我悟了山野间灿烂生命为了什么? 她们为了对生命的敬仰,为了对滋养沃土的尊重,为了对双亲给予生命的报答,为了能使带给大家感动的山野灿烂生命的传承和延展……

四、森林培育学团队课程思政典型案例

我们森林培育工作者的初心是什么?

（一）简介

在"森林培育学"课程的教学中，以国际权威杂志研究成果和4处我国森林培育典范的今昔图片（教师拍摄）对比来引出森林培育工作者不忘初心和森林培育工作对我国生态建设与保护的贡献。讲课内容：2019年2月，美国NASA卫星说近20年地球变得更绿了。主要归功于两个国家（中国和印度），中国在其中贡献最大（占25%），主要依靠退耕还林、防护林建设、京津风沙源治理等植树造林工程。塞罕坝机械林场60年努力，营造百万亩落叶松人工林，把漫漫沙丘、濯濯童山变成满眼翠绿的童话之地。北京小西山森林覆盖率由解放初不到8%提高到97%，靠的是包括北京林业大学老一辈林人在内的首都军民、西山实验林场人将一株一株小苗栽下去，不懈奋斗60余年。福建东山岛解放初森林覆盖率仅有0.12%，现绿化率升至96%，靠的是谷文昌县长带领岛上人民立志"上战秃头山，下战飞沙滩，绿化全海岛，建设新东山!"。一次次失败，一次次坚守，最终从仅仅活下来的9株木麻黄幼苗中悟出了"雨季集中造林"的技术经验。谷县长被尊为"谷公"，乡间"先拜谷公，后祭祖宗"。山西右玉县解放初林木覆盖率只有0.3%，20任县委书记接力苦战60余年，现林木覆盖率达54%，习近平总书记5次批示要学习"右玉精神"。桉树人工林——一个树种解决中国只给木材25%，有力缓解我国严重的木材安全问题。森林培育工作者初心是：替山河装成锦绣，把国土绘成丹青；誓让黄河流碧水，赤地变青山。不忘初心，砥砺前行，担当使命，不懈努力，才能实现绿满华夏愿景。

（二）经验做法

课程创新形成以"五分钟林思考"课程思政为特色，"思专融合"的专业课程教学体系。该体系以"树情怀，立使命，培修养"为课程思政主线，采用榜样引领林学情怀、责任引领使命担当、实践引领社会育人、舆论引领品德修养4个全程"林思考"创新教学模式；创新"春雨浸润式"专业课程思政教学方法；课程构建生态文明方针库（50余项）、林业典范案例库（100余项）、林人榜样视频库（23项）、科研反哺教学案例库（120余项）、"山水林人公众号"自媒体文库（60余项）、云实习平台（180余项）共6个课程思政素材库，为课程思政实施奠定强大基础。

（三）成效

学生评价：听过这样一句话，教育不是把篮子装满，而是把火点燃。相信听

过贾黎明老师讲课的学生肯定对林学和森林培育学有了炽热的情感。

　　教师评价：你是作家，用一个个鲜活故事塑造学生的品格；你是画家，用一幅幅美丽画卷，启迪学生热爱祖国的情怀；你是诗人，用火热情怀，将知山知水思想植入学生的心田！

　　"五分钟林思考"课程思政成果在南京林业大学、东北林业大学等 30 余所高校推广应用，起到新林科教学示范引领作用。"五分钟林思考"课程思政在《人民日报》《光明日报》《中国教育报》《北京教育》《在线学习》、北京电视台、人民网、中国教育新闻网等 10 余个媒体上宣传报道，产生积极社会影响。 2021 年 5 月，教师受邀在北京高校课程思政建设发展论坛上作特邀报告，会后《北京教育》《在线学习》约稿和专访；受《中国远程教育》杂志社和林学类教育指导委员会邀请，为"课程思政示范建设"线上研修班授课，推出"广谱型课程思政三招"，受众为全国高校的校领导及骨干教师。

　　"森林培育学"课程入选"国家级一流本科课程（线下一流课程）"和"北京高等学校优质本科课程"。"森林培育学"课程入选"国家级课程思政示范课程"，授课教师入选"国家级课程思政教学名师和教学团队"。

"森林经理学"课程思政教学指南

课程名称:森林经理学

课程类型:必修课

授课对象:本科生

课程学时:48 学时

课程教材:亢新刚,《森林经理学(第四版)》,中国林业出版社,2011

课程章节:共 10 章

授课教师:向玮、沈亲、彭道黎、刘琪璟、邓华锋

课程思政教学简介:本课程涉及森林经营相关内容的理论与方法,是高等林业院校林学专业的必修课,也是最主要的专业课之一。主要内容包括:森林资源、森林区划、多种资源调查与评价、森林结构调整、森林成熟、宏观经营理论与方法、微观经营理论与方法、作业方法、森林经营计划和经营方案、经营决策方法等。通过课程中的基本概念、基本原理和理论、基本方法和计算等的学习,逐步培养学生具备对森林资源的经营、管理、调查、评价、统计分析等能力,特别培养学生具有比较熟练地运用常规方法和综合所学知识分析与解决问题的能力,并能够在林业生产实践正确应用。

本课程为林学专业的核心必修课程,开展思政教育关系到思政在林学专业教学的全面普及,教学内容具备生态文明、绿色发展、不忘初心、牢记使命、刻苦攻坚等思想内涵,思政教育的开展有利于实现价值塑造、能力培养和知识传授等"多位一体"的林学专业育人目标。

"森林经理学"课程思政元素

课程章节	专业知识点	相关联的课程思政元素（关键词）	所属思政融入点	建议教学方式
第一章 绪论	森林永续利用	"两山"理论	政治认同	案例教学
	森林可持续经营	人类命运共同体	家国情怀	案例教学
第二章 森林资源	我国木材安全问题	国家储备林建设	方针政策	课堂讨论
	森林质量问题	森林质量精准提升，培养热爱林业事业的林业情怀	行业自信	教师讲授
第三章 森林区划	林业区划	培养学生的科学思维与社会担当意识	科学精神	案例教学法
	森林区划的依据和条件	培养科学的研究思维、严谨的治学态度	科学精神	案例教学法
第四章 森林调查	全国森林资源调查用途	牢记不忘初心、牢记使命的思想内涵	道德品质	观看视频及课堂讨论
	森林调查方法的演变	基于无人机的我国自主知识产权高分系列卫星数据	家国情怀 行业自信	教师讲授及课堂讨论
第五章 森林理论经营模式	林业的特点和属性	专业精神与奉献精神，海南鹦哥岭青年团队	榜样事迹 行业自信	观看视频及课堂讨论
	孟子一书关于木材永续利用的表达	认同并热爱中华民族的优秀传统文化	文化传承	教师讲授
	检查法在中国的应用	唐守正院士、于政中教授对异龄林经营的探索与实践	道德品质 榜样事迹	教师讲授及课堂讨论
第六章 森林成熟	数量成熟和自然成熟	"碳中和"背景下森林成熟判断视角的转变	生态文明 方针政策	课堂思考并讨论
	确定的经济成熟方法	林权制度改革下如何追求经济效益的同时兼顾生态	生态文明 方针政策	教师讲授及课堂讨论
第七章 森林收获调整	采伐在林分结构调整中的重要性	东北林区历史上森林资源的"两危一困"	社会责任 强国使命	自主查阅
	产业与产品结构的调整	安吉余村的转变阐述"绿水青山就是金山银山"	生态文明 方针政策	观看视频及课堂讨论
第八章 森林评价	森林环境评价的依据	多功能森林经营目标下的生态效益补偿机制的完善	科学精神 生态文明	案例教学
第九章 森林经营方案	森林经营计划与规划的差异	师法自然的同时形成自然力与人力的合力	科学精神 文化传承	案例教学
第十章 森林经营决策应用	森林结构调整模型常用方法	传统及新型统计方法在行业的应用	科学精神	教师讲授及课堂讨论

（森林学经理）

一、"森林经理学"课程简介

（一）专业教学目标

本课程能够让学生了解我国和全球森林资源的概况，掌握森林资源区划、调查等项工作的常用方法和技术，并能够运用森林评价、森林成熟、森林经营和调整的基本理论和方法，分析森林资源的结构、功能和生长动态，确定采伐和收获调整的方案，编写简要的经营计划和资源信息的统计和管理，为学生成为中高级森林经营和管理的专业人才提供支撑。

（二）教学环节

教学环节以课程绪论引入，分森林经营的理论与技术方法两大部分课堂展开讲授。 同时，本课程还包含 1 周的森林经理学（实习）内容，旨在培养学生实践技能，让他们掌握林学、生物学野外调查与室内研究方法，获得有关资源定量测定与评价的系统方法论，培养学生在实践中分析问题和解决问题的能力。

（三）建议教材与教学参考书

亢新刚，《森林经理学（第四版）》，中国林业出版社，2011 年。

亢新刚，《森林资源经营管理》，中国林业出版社，2001 年。

《FOREST MANAGEMENT》，美国加利福尼亚大学伯克利分校教材，2001 年。

二、"森林经理学"的课程思政教学目标

（一）课程思政特征分析

本课程的思政元素丰富，思政教育在多个教学环节均有涉及，包括思政教育融入理论及实践教育环节；开展思政教育的切入点众多，如国家需求、专业认同、科学求真、社会责任、爱国情怀、强国使命均有思政元素渗透点；思政教育的融入方式多样，如富有特色的思政教育教学案例库建设，符合当代大学生思维模式的教学方法，有专业知识点依托，能达到思政教育内化的要求。

（二）课程思政教学目标

本课程的思政教学目标是融入专业教学目标中的，旨在实现价值塑造、能力培养和知识传授等"多位一体"的育人目标；改革思政教育教学方法，留给学生思考和选择吸收的余地，达到思政教育内化吸收的目的，实现为党育人、为国育才、立德树人的根本任务。

三、"森林经理学"课程思政教学案例

教学案例 1：孟子对森林永续利用的思索——生态文明

开展中华优秀传统文化教育，从近年来全社会对林业工作的支持切入，以黄土

高原退耕还林还草工程 20 年变化为例，同时结合视频《消失的毛乌素沙漠》，引出"绿水青山就是金山银山"理论。 通过案例引导，激发同学战胜困难的决心，同时让同学意识到生态退化的进程是可逆的，只要人不负大自然，大自然定不负人。目前，全国还剩一半沙漠化问题等待解决，我们应当继承坚韧不拔的治沙精神，苦干实干、久久为功。 当"沙进人退"历史性地逆转为"人进沙退"，人沙关系也从斗争抗衡转向和谐共处。 在当地政府与群众的共同探索下，毛乌素治沙既不是一味投入的"砸钱工程"，也不是仅凭觉悟的"无尽付出"，而发展出了沙、林、电、藻一体化的循环产业链，孕育了大棚蔬菜、大棚养殖、育苗、沙漠旅游四大产业。从"生命禁区"到"塞上粮仓"，毛乌素沙漠的案例是"两山论"的又一个生动证明。 只要森林经营好，就可以实现永续利用。 正如孟子曰：斧斤以时入山林，材木不可胜用也。 古代淳朴的森林永续利用观，也无时不在提醒着我们这一代人合理经营森林，实现青山常在，绿水长流。

教学案例 2：合理经营、天人合一的范例哈尼梯田——文化传承

人的命脉在田，田的命脉在水，水的命脉在山，山的命脉在土，土的命脉在林和草。 哈尼族梯田文化历经 1300 多年传承发展，已形成"森林、村寨、梯田、水系"四素同构的人与自然高度协调的农耕文明奇迹。 哈尼族先民当初心怀对自然的感恩与敬畏，在巍峨群山中建设家园、开垦梯田、耕种稻米。 至今，还依然恪守着和梯田有关的一切习俗，例如高过村寨的树木一律不准砍伐。高山森林的蓄水功能实现了"山有多高、水有多高"。 哈尼族与自然融为一体，保护和促进了多样的生命世界，让哀牢山区拥有 2000 多种植物，460 种野生动物，成为世界生物多样性的展示区。 通过哈尼梯田引出合理利用森林、经营森林的理念，同时引出人与自然和谐共生的关系。 那么在处理人与人、群体与群体等社会关系的过程中，也应从以自我为中心的"中心主义"转向平等的"和谐共生"，相互适应、共同发展、共享共赢，基于人类命运共同体的理念建立和谐的地球家园。

教学案例 3：实践教育加强合作、锻炼意识——榜样事迹

首先，以谈理想为契机，让大家探讨自己的人生规划。 接着，以鹦哥岭青年团队 27 名大学生为例，讲述他们用 5 年的坚守，用勤劳和智慧，换来鹦哥岭上人与自然相处得美好与和谐的事迹。 他们用实际行动诠释了当代大学生高尚的爱国情操，以及坚定执着、坚守理想、甘于贫苦、乐于奉献、脚踏实地、服务基层的精神。 同时，结合"塞罕坝"的建设者及丰功伟绩，引出国家需求、专业认同、科学求真、社会责任、爱国情怀、强国使命等思政点。 教导学生要最终实现林业工作者的初心：无山不绿、有水皆清、四时花香、万籁鸟鸣，替河山装成锦绣，把国土绘成丹青。

四、"森林经理学"团队课程思政典型案例

（一）简介

多功能实践育林分，多位一体育人才。 本课程从人类对森林不断深化的认识及经营目标谈起，由最初只考虑经济效益和木材生产的经营理念，发展到后来考虑生态效益、社会效益以及可持续发展等因素。 通过"理论教学与实践教学相结合、教学过程与生产过程相融合"的教学理念，引导学生对课堂内容中的生态文明、绿色发展、不忘初心、牢记使命、刻苦攻坚等思想内涵有理解、有共鸣，形成以价值塑造、能力培养和知识传授等"多位一体"的林学专业育人目标为主导的育人培养模式。

（二）经验做法

明确课程思政目标，厚植爱国情怀、勇担时代使命。 以"价值塑造、能力培养和知识传授"为课程思政建设目标，从教学目标设计、教师角色定位、教学模式与过程、教学原则与方法等方面对课程重新审视、再思考、再出发，深入挖掘课程思政元素，达到教书育人的完整统一。 例如，通过讲解我国森林经营的悠久历史，带领学生回顾我国古代关于森林经营的思想。 例如，在《齐民要术》（北魏·贾思勰）中，有关于柞木经营的记载："十年中椽，可杂用。 二十岁中　，柴在外。"在《农学合编》（清·杨巩）中关于竹林成熟的记载中，有"竹有六、七年便生花，所谓留三去四，盖三者留，四年者伐去"。 还有我国竹林种植区广泛流传的谚语"留三去四勿留七"（这里的三、四、七是指"度"，一度为 2 年）。 通过作业布置，让学生课后搜集关于我国其他林种经营的记载内容。 通过回顾我国古代关于森林经营理念和实践，以及当代森林经理学的发展历程，不断加深学生对森林经营的认识，鼓励学生传承林人精神、培养林学情怀、勇担时代使命，将课程思政与专业育人目标有机结合。

重基础宽实践，时代孕育"新林人"。 通过理论讲授和野外实践的重构，将理想信念教育、思想品德教育有机融入专业技能培养和科学知识传授中，实现知识传授、能力培养、价值塑造的多元统一。 例如，结合林业方针政策，加深学生对时代赋予林业的使命理解，结合我国林业方针政策的转变，即由最初的木材生产为主，到现在的生态文明建设为主的林业路线；探讨森林成熟各自的确定方法，在讲述森林碳储量成熟知识点时，结合国家"双碳"目标，重点强调森林经营在提高森林固碳和碳汇能力的重要性，探索研究有效提高森林碳储量、保持高水平碳汇潜力的森林经营措施。 在讲到对接国家重大生态安全战略规划和森林质量提升需求

时，指出应以"调结构、提质量、增碳汇"为主攻方向，持续加强中幼林抚育和低产低效林改造，补齐历史欠账，推进森林经营"提标培优"转型，助力我国森林资源从"绿起来"向"好起来"的重大转变。在讲解精准提升森林质量的同时，引出森林经营方案编制的重要性，进而引导学生思考未来森林经营之路，发挥主人翁精神，形成科学推动生态文明建设的理念。为了加深学生对生态文明建设中我国在国际碳排放权益谈判中的地位与作用的理解，以及树立合理的碳排放观，播放柴静与丁仲礼院士的对话以及鲁健对话丁仲礼院士的视频。加强学生对碳排放以及在国际谈判中争取合法权益的重要性的认识，体现我国的大国担当，让学生加深在新形式下的行业自信，勇担绿色发展的责任感和使命感。

（三）成效

"森林经理学"课程经课堂评教和校内外同行评议，教学设计融合度较高、教学手段多元、学生课堂参与度高，同时，能够引导学生树立正确健康、积极向上的人生观与价值观，学生评教满意度在90%以上。教学过程中通过引入多媒体辅助展示、案例分析、课堂小组讨论及翻转课堂教学法，大力加强了课程思政的融入性、与社会实际的关联性、学生的参与度和学生个性思想的体现。通过课程思政的实施，还有效提升了教师课程思政意识，优化了课程教学大纲和教案内容，建立了共享素材库，加强了学生自我价值的认同和行业自信。在对接重大国家战略，加快生态文明建设和勇担时代发展使命方面发挥重要作用。同时，积极推动实现教学中育人、育才相结合的教学目标。

"林木种苗学"课程思政教学指南

课程名称:林木种苗学

课程类型:必修课

授课对象:本科生

课程学时:40 学时

课程教材:刘勇,《林木种苗培育学》,中国林业出版社,2019

课程章节:共 13 章

授课教师:刘勇、郭素娟、彭祚登、李国雷、王佳茜、杨钦淞

课程思政教学简介:本课程开展课程思政的主要目的是将政治认同、家国情怀融入课程每一章节的讲授中,使学生谨记林业人的责任担当;方法是在教学中将思政元素与专业知识有机融合,例如以北京林业大学教师团队榜样事迹为例,引导学生爱国敬业,激发学生"干一行爱一行"的专业素养;在种子质量评价、苗木质量评价、苗木移植、整形修剪、出圃等方面,加强理论联系实际,通过讲解具体原理和操作方法,传递给学生"整体把控,适时而为,因势利导"的科学精神,培养学生的大局观和政治认同感。

"林木种苗学"课程思政教学的效果:通过一系列榜样事迹、生态文明建设案例、林业专业知识讲解,引导学生树立行业自信,发扬实事求是的科学精神,培养学生的政治认同感,激发学生对祖国和家乡的深厚感情,产生服务国家富强和民族复兴的责任感与使命感,传承中国精神、中国力量、中国担当。

"林木种苗学"课程思政元素

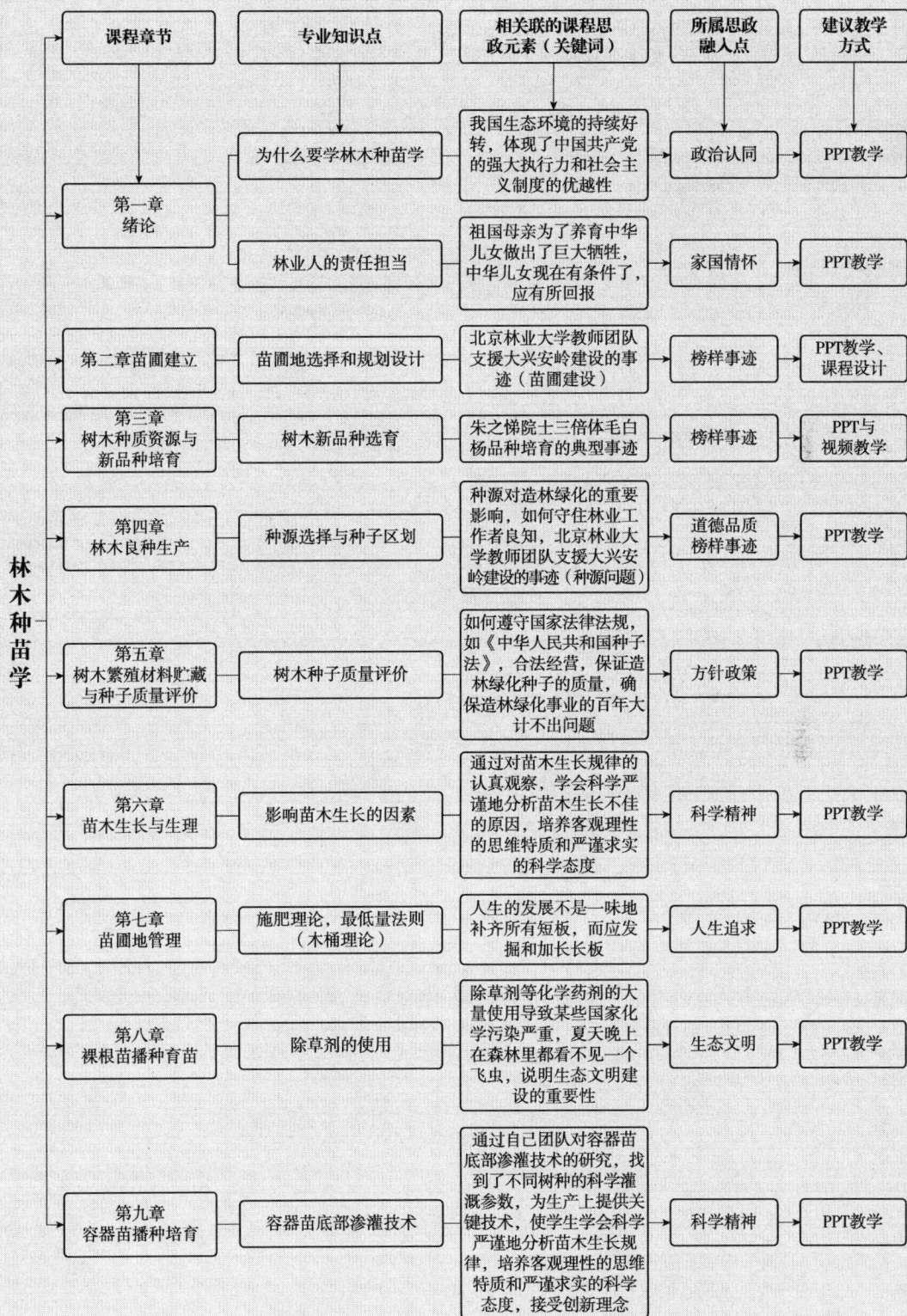

课程章节	专业知识点	相关联的课程思政元素（关键词）	所属思政融入点	建议教学方式
第一章 绪论	为什么要学林木种苗学	我国生态环境的持续好转，体现了中国共产党的强大执行力和社会主义制度的优越性	政治认同	PPT教学
第一章 绪论	林业人的责任担当	祖国母亲为了养育中华儿女做出了巨大牺牲，中华儿女现在有条件了，应有所回报	家国情怀	PPT教学
第二章苗圃建立	苗圃地选择和规划设计	北京林业大学教师团队支援大兴安岭建设的事迹（苗圃建设）	榜样事迹	PPT教学、课程设计
第三章 树木种质资源与新品种培育	树木新品种选育	朱之悌院士三倍体毛白杨品种培育的典型事迹	榜样事迹	PPT与视频教学
第四章 林木良种生产	种源选择与种子区划	种源对造林绿化的重要影响，如何守住林业工作者良知，北京林业大学教师团队支援大兴安岭建设的事迹（种源问题）	道德品质榜样事迹	PPT教学
第五章 树木繁殖材料贮藏与种子质量评价	树木种子质量评价	如何遵守国家法律法规，如《中华人民共和国种子法》，合法经营，保证造林绿化种子的质量，确保造林绿化事业的百年大计不出问题	方针政策	PPT教学
第六章 苗木生长与生理	影响苗木生长的因素	通过对苗木生长规律的认真观察，学会科学严谨地分析苗木生长不佳的原因，培养客观理性的思维特质和严谨求实的科学态度	科学精神	PPT教学
第七章 苗圃地管理	施肥理论，最低量法则（木桶理论）	人生的发展不是一味地补齐所有短板，而应发掘和加长长板	人生追求	PPT教学
第八章 裸根苗播种育苗	除草剂的使用	除草剂等化学药剂的大量使用导致某些国家化学污染严重，夏天晚上在森林里都看不见一个飞虫，说明生态文明建设的重要性	生态文明	PPT教学
第九章 容器苗播种培育	容器苗底部渗灌技术	通过自己团队对容器苗底部渗灌技术的研究，找到了不同树种的科学灌溉参数，为生产上提供关键技术，使学生学会科学严谨地分析苗木生长规律，培养客观理性的思维特质和严谨求实的科学态度，接受创新理念	科学精神	PPT教学

林木种苗学

（续）

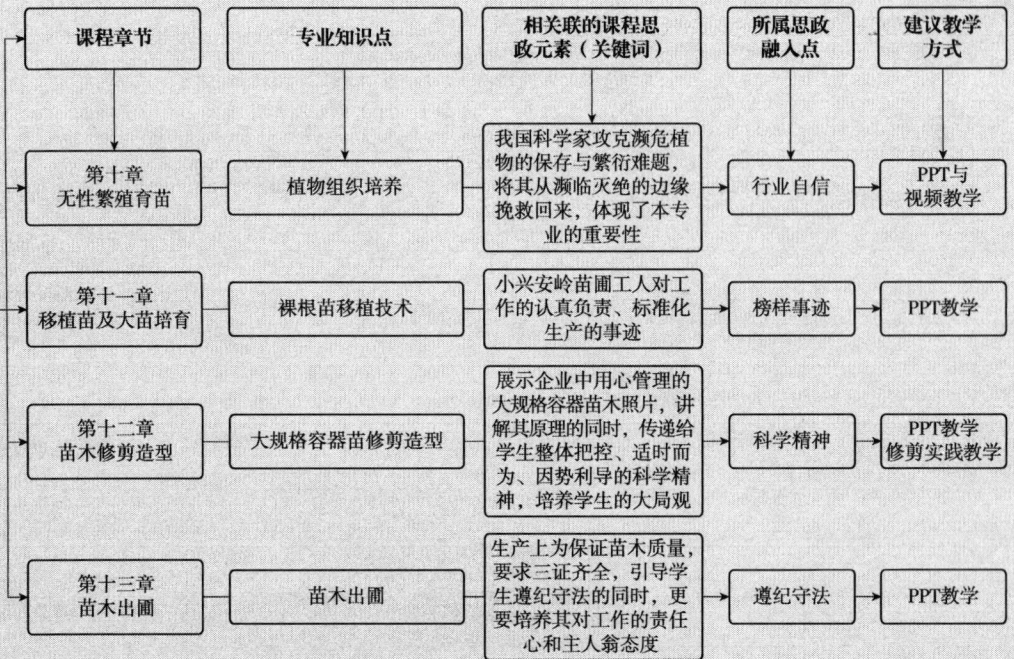

课程章节	专业知识点	相关联的课程思政元素（关键词）	所属思政融入点	建议教学方式
第十章 无性繁殖育苗	植物组织培养	我国科学家攻克濒危植物的保存与繁衍难题，将其从濒临灭绝的边缘挽救回来，体现了本专业的重要性	行业自信	PPT与视频教学
第十一章 移植苗及大苗培育	裸根苗移植技术	小兴安岭苗圃工人对工作的认真负责、标准化生产的事迹	榜样事迹	PPT教学
第十二章 苗木修剪造型	大规格容器苗修剪造型	展示企业中用心管理的大规格容器苗木照片，讲解其原理的同时，传递给学生整体把控、适时而为、因势利导的科学精神，培养学生的大局观	科学精神	PPT教学 修剪实践教学
第十三章 苗木出圃	苗木出圃	生产上为保证苗木质量，要求三证齐全，引导学生遵纪守法的同时，更要培养其对工作的责任心和主人翁态度	遵纪守法	PPT教学

林木种苗学

一、"林木种苗学"课程简介

"林木种苗学"是介绍林木种子经营与苗木培育理论和技术的一门实践性很强的课程，包括理论课、实验等环节。理论课介绍良种繁育基地、采种、种实调制、种子贮藏、种子休眠与催芽，以及苗圃的建立、播种苗培育、营养繁殖苗培育、容器苗培育、移植苗、大苗培育、苗木出圃和苗木质量评价指标等；实验内容包括林木种子品质各项指标的测定。通过学习本课程，学生不仅能够获得林木种子经营和苗木培育的基本理论和基本知识，而且能提高实践操作技能。

（一）专业教学目标

通过本课程的学习，使学生掌握林木种子生产和苗木培育的基本理论、基本知识和基本技能，培养学生分析问题和解决问题的能力。

（二）教学环节

本课程共 40 学时，包含理论课讲解 25 学时，种子实验 11 学时，课程研讨答疑 4 学时，此外还要进行苗圃实习 2 周。

（三）建议教材与教学参考书

建议教材为《林木种苗培育学》，由刘勇主编、中国林业出版社 2019 出版。其特点有：①具有用材林、生态林、景观林等多林种营建所需的苗木培育技术。②以种苗定向培育理论为指导，融合林业和园林种苗培育的理论和技术，建立了林木种苗培育的技术体系。③考虑到教学过程中所采取的以问题为导向的参与式教学模式，建立了林木种苗培育学的教学体系。该教材既满足了林学专业和城市林业专业的教学需求，又对园林、水保等相关专业有很好的参考作用。

建议教学参考书：

翟明普，沈国舫，《森林培育学（第 3 版）》，中国林业出版社，2016 年。

贾黎明，郭素娟，《森林培育》，中央广播电视大学出版社，2004 年。

孙时轩，《林木育苗技术》，金盾出版社，2002 年。

《森林培育学实习实验指导书》（校内教材），2011 年。

二、"林木种苗学"的课程思政教学目标

（一）课程思政特征分析

"林木种苗学"是林学和城市林业专业的本科生必修的专业核心课程，旨在培养学生对我国生态文明建设进程中森林覆盖率低、苗木质量不高、苗木供应量不足、化肥及除草剂污染等各方面的问题具有一定的认识，并能够提出解决方案。本课程采用混合式教学手段和多种考核方式，注重教学内容的系统性，重视基本概念、基本理论和基本技能的培养，加强理论联系实际。为培养学生的政治认同

感,认可并拥护党的领导,培养学生的家国情怀,为学生树立行业榜样,培养学生的科学精神和良好的道德品质,引导学生明确人生追求,需将思政融于"林木种苗学"课程中,建设林学下的课程思政。

（二）课程思政教学目标

将思政元素与专业知识有机融合,使学生感觉课程内容自然、不生硬,最终达到入脑、入心、践行的目标。

三、"林木种苗学"课程思政教学案例

教学案例 1:"幼苗的乐园"——苗圃建立

在课程开始前,教师采用视频和图片的形式向同学们展示大兴安岭苗圃初期选址失败的案例,总结失败经验,引导同学们认识到苗圃规划设计的重要性。 接着引入北京林业大学教师团队支援大兴安岭苗圃建设的事迹,结合课堂多媒体展示,用前辈们的经历激励学生对专业的热情,培养其科研品格。 由此,宣扬了林业人吃苦耐劳的精神品质和舍己为人的家国情怀,树立行业榜样,从而提升学生的认同感、使命感,同时也培养了学生的科学精神和良好的道德品质。

教学案例 2:潜心研究,不畏艰难——新品种选育

在讲述课程内容前,先给学生播放北京林业大学的老先生、我国林木遗传育种开创者之一的朱之悌院士选育三倍体毛白杨的视频资料,向学生展示我国老一辈科研工作者不惧困难、持之以恒的精神。 由朱院士选育毛白杨三倍体这一事例,向学生介绍新品种选育过程中所运用的技术以及选育的各个环节,并结合实际案例,让学生对于新品种选育有更加感性的认识。 用老一辈对待科研一丝不苟、几十年如一日认真负责的精神感染将要步入科研之路的学生。

教学案例 3:科学用种,坚守底线——林木良种生产

良种培育是森林培育中最为基础也是最为重要的环节。 在课程讲解中向学生讲述北京林业大学种苗团队支援大兴安岭灾后重建时,遇到关于兴安落叶松真假种子和种子调拨的问题。 由于当时的技术条件相对于现在比较落后,仅凭肉眼无法区分不同种落叶松的种子,有不法商贩以其他落叶松种子冒充兴安落叶松种子,造成了一定的损失;此外,从海拉尔调拨的赤峰种源兴安落叶松种子在漠河育苗时,因为纬度相差较大,苗木冬季遭受冻害死亡,影响了既定计划。 在案例讲解完毕后,引导学生讨论,让他们自己总结出为什么要进行种子区划、种源试验、先进的种子识别方法研发等,以及林业工作者坚守道德底线的重要性,使学生更加深刻地

理解在工作中如何做到认真细致、坚守底线，成为一名有担当，有智慧的新时代林业人。

四、林木种苗学课程团队课程思政典型案例

育人先育己，行为示范入人心

大学育人的一个重要方面是文化熏陶。 老师为人处事的作风在潜移默化中影响学生，其影响力和持久力要比课堂讲授的知识更大、更深远。 多年以后，学生对课堂上学的知识也许淡忘，但对在校时的生活却记忆犹新：哪个老师有什么趣闻，哪个同学有什么轶事，都能一一道来，尤其老师的行为对学生的影响很大。 这就是校园文化的力量，它不是靠机械记忆，而是通过文化熏陶进入了学生血液。 因此，教师不是普通的职业，教师的行为会影响学生一辈子。 这就要求老师终身学习，不断提升自己的修养，用良好的行为示范引导学生一起做人做事。

（一）教育者要先受教育

我们的教师专业知识丰富，但人文素养有待提高。 因此，本团队教师利用业余时间阅读了大量人文、社科、历史、哲学，以及中华优秀传统文化方面的书籍。 10 年时间，团队教师记读书笔记共 7 本，撰写、出版两本共 45 万字的学习心得，总结了关于创造力和做人的规律。 他们发现育人的根本在于使受教育者提高创造力的同时，更要提升个人修养，因为创造也许伴随着破坏，也可能带来灾难，创造力越强的人，越需要有更高的道德修养，才能驾驭创造的不确定性，避免灾难。 随后，为学生开设专门的课程，并在全国各地宣传创新精神和中华优秀传统文化，举办报告 170 多场，听众超过 2 万人。

（二）价值引导，文化熏陶，行为示范入人心

1. 价值引导，播下希望的种子

思想政治教育是一项特殊的社会实践活动，在新时代背景的推进过程中，学生作为教育对象是需要教师进行价值引导的，但说教式的价值宣传效果不好，教师便每学期开展 1~2 次的读书会活动，组织学生选读国内外经典著作，师生交流讨论阅读感悟，使学生经过优秀文化的熏陶，领悟其中做人做事的道理，以此培养既有创造力又有道德修养的人才。 阅读和感受前人的智慧，就是在学生的心里播下一颗希望的种子，正确的价值观便在潜移默化中树立。

2. 发挥网络平台作用，以创造之力传播种子

新媒体环境下，信息技术不断发展，网络平台已经成为海量信息快速扩散的载体。 微信公众号作为一种网络平台不仅是师生交流沟通的媒介，更是教师宣传思政的对外窗口。 本团队的教师敏锐地抓住网络平台契机，"驾驭创造"微信公众号

迎风而出,开启了《笔记:阅读·涌现·避灾》专栏,于每周日、周三推送师生们关于创造力规律和道德修养的所思所想,共45篇推文。 学生通过阅读前人的事迹和历史经验,感悟创造力规律,接受中华优秀传统文化的熏陶,结合自身去点亮前方的灯塔,有选择地去规避不必要的失误,少走些弯路。 师生们在"驾驭创造"公众号上将心得分享出去,供大家交流讨论,借创造的力量传播精神的种子。

3. 开展课程思政,用北京林业大学精神浇灌种子

教师在讲授"林木种苗学"这门课时,结合知识传授,将北京林业大学前辈爱国、爱岗、敬业、奉献的精神融入课堂,用北京林业大学精神浇灌学生心中那颗希望的种子。 例如,在讲解苗圃地的建设这部分时,讲述了1987年大兴安岭特大森林火灾后,北京林业大学受国务院的委派,沈国舫院士带领北京林业大学团队,对口技术支援漠河县进行苗圃地建设和育苗的事迹。 在沈国舫院士的带领下,北京林业大学团队不讲任何条件,克服各种困难,解决了很多技术难题,帮助当地林业局很快恢复生产,加快了火灾区森林的恢复。 将北京林业大学前辈的科学精神和种苗生产技术环节无缝连接,成为熏陶学生的强大力量。

4. 行为示范,促进希望的种子发芽生长

老师为人处事的行为在潜移默化中影响学生,其影响力和持久力远超课堂讲授的知识。 在做项目和写论文的过程中,教师始终以自己的行为作示范,只有言传与身教并重,教育学生要平等待人,不以位置高低或富有程度看人,才能培养出敢于挑战权威的创新精神。 同时,通过严格把关工作中的各个环节,引导学生不断提升自己的做事标准。 随着标准的升高,理想的种子就开始发芽,幼苗逐渐生长。

5. 临别赠言,给幼苗带上精神能量

幼苗总要离开苗圃,去营建属于自己的森林。 临别赠言是教师给学生的最后一课,让学生带上精神能量上路,可以走得更远。 每年的毕业季,教师会用毛笔在宣纸上写下给每个毕业生的寄语,既反映该同学的特点,又寄托教师的希望。例如,一位家住内蒙古,做菌根研究的同学,对其赠言为"内蒙青山,一枝淑兰。菌根为剑,笑傲明天";一位家住江苏句容的同学,名字中有一个"馨"字,对其赠言是"林家七年熏陶,养出句容馨香";还有一个同学,名字中有"天泽"二字,对其赠言为"天泽之人能成岳"。

(三)点评

北京林业大学林学院"林木种苗学"课程团队育人育己,积极推进"课程思政"改革,引导学生树立正确的价值观,建立师生交流的思想阵地,培养学生的专业素养和家国情怀,言传身教引领学生全面发展,临别以书为笺送学生踏上人生新旅程,充分发挥教育者在教学中的引领作用,促进了专业课程和思想政治教育相融合的新教学体系构建,诠释了"三全育人"的教育理念。

第三部分

相关教学改革研究论文

推进"专业思政"的实践与思考

石彦君　马　静　房　良

（北京林业大学林学院,北京　100083）

摘要: "专业思政"是"课程思政"的深化与提升,其核心是把育人与育才贯通于专业建设各要素全过程,突显专业所蕴含的思想政治教育元素和所承载的思想政治教育功能,实现专业课程体系、教学规范、师资队伍、教学条件、质量保障等与育人育才目标相衔接、相统一,推进"课程思政"的深入开展。本文以北京林业大学林学院党委有组织地开展"专业思政"为例,介绍了其推进"专业思政"的实践经验,提出了进一步深入推进"专业思政"的思考。

关键词: 课程思政;专业思政;人才培养体系;育人与育才

立德树人是高校办学治校的根本任务。习近平总书记在党的二十大报告中指出:"全党要把青年工作作为战略性工作来抓,用党的科学理论武装青年,用党的初心使命感召青年,做青年朋友的知心人、青年工作的热心人、青年群众的引路人。[1]"《高等学校课程思政建设指导纲要》中指出:"立德树人成效是检验高校一切工作的根本标准。落实立德树人根本任务,必须将价值观塑造、知识传授和能力培养三者融为一体,不可割裂。[2]"课程思政建设的根本目标和任务,就是提升新时代高校立德树人成效,构建新时代高校育人理念、育人模式、育人机制。而"专业思政"是高校"课程思政"的深化与提升,是把育人与育才贯通于专业建设各要素全过程,突显专业所蕴含的思想政治教育元素和所承载的思想政治教育功能,实现育人与育才相统一的过程。因此,专业课教育教学要"守好一段渠、种好责任田"。

一、着力把握"专业思政"的核心要素

2018 年 10 月,教育部下发《关于加快建设高水平本科教育,全面提高人才培养能力的意见》(即"新时代高教 40 条"),其中第九条明确提出:强化课程思政和

作者简介:石彦君,北京市海淀区清华东路 35 号北京林业大学,副教授,shi631029@126.com;

　　　　马　静,北京市海淀区清华东路 35 号北京林业大学,副教授,majing2006@bjfu.edu.cn;

　　　　房　良,北京市海淀区清华东路 35 号北京林业大学,讲师,fl0916@bjfu.edu.cn。

资助项目:北京林业大学林学院"五分钟林思考"课程思政工作室建设阶段性成果。

专业思政,根据不同专业的人才培养特点和专业能力素质要求,科学合理设计思想政治教育内容[3]。"专业思政"的内涵是以专业为载体,发掘专业特点和优势,通过专业核心价值体系引领,贯通教育教学全过程、全要素的融合设计,实现专业教育与思想政治教育一体化建设与发展,形成特色鲜明的专业人才培养模式[4]。"专业思政"建设最根本的是要在知识传授和能力培养的基础上强化思想价值引领,解决好教师"为谁教、教什么、教给谁、怎么教",学生"在哪用力、对谁用情、如何用心、做什么人"的问题。"专业思政"不是专业课程思政化,也不是专业课程中或课堂结束后转而进行思政上的引申或靠拢,而是在专业课程教学、实习实践等各环节中,深入挖掘专业课程固有的"思政元素"并用于学生成长,使学生在专业学习的过程中引发专业相关问题的思考,在传授专业知识和培养学生专业能力的同时实现价值观塑造,从而达成思想政治教育的目标。 同时,"专业思政"有别于"课程思政",课程思政是专业思政的重要组成和载体,没有高质量的课程思政,专业思政也只能是空中楼阁[5]。 如北京林业大学林学院在"森林经营学"课程教学过程中,针对森林质量精准提升问题,核心与关键是在"精准"上,师生可围绕森林质量精准提升与国家社会高质量发展来诠释党的二十大报告提出的贯彻新发展理念、构建新发展格局、推动高质量发展,以中国式现代化全面推进中华民族伟大复兴等内容充分融合,将知识传授、人才培养一体化推进,使学生牢固树立和践行"绿水青山就是金山银山"的理念,强化学生对尊重自然、顺应自然、保护自然是全面建设社会主义现代化国家内在要求的理解,坚持对山水林田湖草沙进行一体化保护和系统治理的思想认识,推动绿色发展,促进人与自然和谐共生。

二、积极开展"专业思政"的实践与探索

2018 年高校师生思想政治状况滚动调查结果显示,对大学生思想言行和成长影响最大的第一因素是专业课教师[6]。"要紧紧抓住教师队伍'主力军'、课程建设'主战场'、课堂教学'主渠道',让所有高校、所有教师、所有课程都承担好育人责任,守好一段渠、种好责任田,使各类课程与思政课程同向同行,将显性教育和隐性教育相统一,形成协同效应,构建全员全程全方位育人大格局。[2]" 因此,"专业思政"建设在立德树人根本任务和"课程思政"建设中的重要性不言而喻。 具体做法是:

(一)集中学习研讨,全面提升专业教师开展"专业思政"的思想认识和认知能力

专业教师思想认识上的高度统一和认知能力的全面提升,是"专业思政"建设需要解决的首要问题。 以学科为基础,按专业(含专业方向)组建"专业思政"团队,组织开展专题学习和研讨,提高专业教师关于开展"专业思政"建设重要性

的认识，提升专业教师驾驭"专业思政"的认知能力，使专业教师在思想上、意志上、行动上达成统一，使"专业思政"建设在课程教学过程变成有组织的自觉行为。首先，先后集中组织 11 次集体研学，全面掌握党的十八大报告中第一次把"立德树人"明确为教育的根本任务、党的十九大报告提出的"要全面贯彻党的教育方针，落实立德树人根本任务"和习近平总书记关于教育的重要论述中指出的"教育是国之大计、党之大计，教育的首要问题是培养什么人，教育的根本任务是立德树人"等内容，提高专业教师的思想认识，为全面开展"专业思政"打下思想基础[2]。其次，针对如何开展"专业思政"建设，组织 13 次专题研讨，重点从"如何从专业课程知识点中发掘思政元素；如何在教学内容研究中发掘其中所蕴含的哲学思想；如何通过失败的教训和警示性问题等反思分析，提高学生辨识能力和责任意识，和学生一起就专业相关问题进行讨论，以期发现新的思政元素；如何从专业课的学科发展史、大师成长道路、教师个人经历等方面完成对学生的价值塑造"共 5 个方面达成共识，提升专业教师开展"专业思政"建设的认知能力。

（二）开展专业课程教学集体备课，精心设计课程教案，挖掘专业课程思政元素

集体备课是按照教材内容和教学大纲要求，强化专业知识点传授的核心和关键，是教案编制的前提和基础，更是开展课堂教学和实习实验的准备与演练，同时也是充分挖掘"专业思政"元素的重要过程。因此，"专业思政"建设团队立足各自专业的特点和教育教学规律，在集体备课、教案编制过程中，既强化专业知识点和核心要素，又突出专业元素与思政元素的有机融合，使"专业思政"元素成为画龙点睛之笔，既丰富专业课程教学的内容，又实现"专业思政"启发、引导的目标，而其中教案的编制最为重要。教案上承教材研究和教学设计，下接课堂教学和实训实验，是通过集体备课而形成的教学活动的总纲领和行动方案。因此，在教案编制时即将"专业思政"元素纳入其中。一般包括：授课内容、实施过程（内含课堂教学方法和思政元素类型）、思政元素内容（内含元素内容、参考文献、价值拓展）等，统领专业课程教学的开展。

（三）组织开展课程教学，课后及时进行教学反思

高质量的课程教学是支撑人才培养目标实现的保障。在课程教学中，要体现思政元素与专业元素的有机融合，充分展示教案所设计的思政元素与专业元素的融合点，寓思想政治教育于专业知识传授和能力培养之中，圆润自然而顺理成章，起到画龙点睛的作用。如在专业基础课"气象学"教学过程中，针对"气候变化"授课内容，从专业的角度对全球变暖的趋势、温室效应、未来气候变化进行讲述，并指出碳排放对气候的影响，最后落脚到推动绿色发展，紧扣国家战略需要，从身边事做起，增强责任意识和责任感。通过这样的教学方式，使专业知识传授和思

想政治教育浑然一体，既不牵强附会，又能使学生在学到专业知识的同时，受到思想政治教育。而后，要在课程教学结束后进行教学反思，总结专业元素与思政元素融合点的把握情况，与学生交流过程中出现的新的闪光点和融合点，学生乐于接受的方式方法，不断完善"专业思政"建设。专业课教师的人格魅力、学识水平、专业素养、创新精神将对大学生产生非常大的影响。因此，深化、细化"课程思政"，推进"专业思政"建设，对于解决好"培养什么样的人"和"怎么样培养人"至关重要。

（四）发挥专业负责人和教研室主任作用，开展有组织的"专业思政"

教研室是教学实施的最基本单元，承载着专业人才培养计划的编制、修订，开展教学研究、教师队伍建设和教学日常管理等工作。因此，发挥专业负责人和教研室主任的作用，直接影响着"专业思政"建设的深度和广度，影响着"专业思政"的成效和质量。诸如教研室的集体备课、教案的编制、教学反思的开展等，都是在教研室或专业的组织下实施的，而专业负责人、教研室主任对开展"专业思政"的认识和水平以及工作力度，决定着"专业思政"建设推进和落实的力度与成效，实现"专业思政"有组织的推进，变成有组织的行为，也是专业教育与思想政治教育一体化推进的必然要求。

（五）发挥学科党支部作用，引领、推动、保障"专业思政"实施

教师党支部是高校党组织开展工作的基本单元，落实立德树人根本任务，发挥教育管理、监督党员，以及组织宣传、集中服务师生员工的作用。因此，学科党支部引领、保障"专业思政"的组织实施，是教师党支部落实立德树人根本任务的职责所在。以教师党支部为依托，依据专业课教学的独特性和体系性，发挥教师党员的引领、带动和示范作用，推进"专业思政"的深入进行。2021年，林学院党委以党支部为依托，建立9支"专业思政"团队，立项获批北京林业大学"课程思政"教改项目27项，两门课程分获国家级和北京市"课程思政"精品课程，两支团队分获国家级和北京市级"课程思政"创新团队。

三、深入推进"专业思政"的思考

"专业思政"建设是"三全育人"工作最重要的环节和内容，具有专业教育与思政教育融合的专业学科独特性和体系性[4]，是"课程思政"的深化和细化，既内化于"课程思政"，又深化拓展"课程思政"，是新时代高校思想政治工作的模式创新。因此，在深入推进"专业思政"建设过程中，要把握和处理好如下几个问题：

（一）"专业思政"建设要遵循思想政治教育规律、教书育人规律和学生成长成才规律

"专业思政"是基于思想政治教育规律、教书育人规律和学生成长成才规律的

揭示与把握，在"专业思政"建设中要实现三者的有机融合，以"培养什么人、怎样培养人、为谁培养人"这一根本性问题为出发点和落脚点，既传授专业知识技能和创新思维能力，又突出思想政治教育，强化世界观、人生观、价值观引领，构建全员、全程、全方位育人格局，落实立德树人根本任务。

（二）"专业思政"建设要把思想政治工作有效贯通高校教育体系和人才培养体系

"专业思政"是全新的教育理念和思想政治工作的模式创新，赋予了新时代高校教育教学新内涵和新要求。因此，要切实强化主体责任，将课程思政建设纳入工作重点，紧扣学校自身实际和文化积淀，制定或完善学校课程思政建设实施方案，做到育人和育才相统一；要加强师资队伍建设，着力提升教师课程思政能力，建设一支具有自觉育德意识和较强育德能力的教师队伍；要尊重课程建设规律，强化课程建设管理，构建科学合理的课程思政教学体系，全面落实不同类型课程的建设要求；要深入梳理课程教学内容，结合课程特点、思维方法和价值理念，深入挖掘课程思政元素所蕴含的价值精髓，精准滴灌、点滴渗透，从而达到润物无声的育人效果。

（三）"专业思政"建设要与"三全育人""课程思政"一体推进，与思政课同向同行

"专业思政"既是"课程思政"的深化和拓展，内化于课程思政，又是"三全育人"的组成部分。因此，在"专业思政"建设中，要做到"专业思政"与"课程思政""三全育人"统筹谋划、一体推进。"专业思政"要紧紧抓住专业教师队伍"主力军"、专业课程建设"主战场"、专业课堂教学"主渠道"，切实把思政元素融入专业教学与育人实践中，培养造就更多德智体美劳全面发展的社会主义建设者和接班人。"三全育人"重在全员、全程、全方位育人的体制与机制构建，由全员育人主导，由全过程和全方位育人协同，"三全育人"的实施是一体化的实施，全员全过程全方位育人是内在统一的，统一于思想政治教育实践中。"专业思政"建设中，要抓住提高人才培养能力这个关键点，不断创新思想政治工作，推进形成全员全过程全方位的育人格局，切实提高思想政治工作的质量和水平。

（四）"专业思政"建设要充分发挥教师党支部的引领、保障作用

高校教师党支部上承党的教育方针的贯彻落实，下接师生的思想政治教育，是高校开展"专业思政"建设的基本单位。因此，教师党支部组织、引领和保障"专业思政"建设，既丰富了高校教师党支部建设的内容，提供了发挥党支部政治功能的抓手，又保障了"专业思政"建设有组织地开展和进行，使坚持正确的办学方向、建设高素质教师队伍、形成高水平人才培养体系这3项高校基础性工作更加具体和完善。

　　"专业思政"已成为高校系统化开展思想政治教育工作实践的前沿阵地和重要抓手。 在遵循思想政治工作规律、教育教学规律和人才培养规律的前提基础上，针对不同层次高校、不同学科专业、不同类型课程的特点，开展针对性的"专业思政"建设研究，统筹推进"专业思政"全面开展，全面提高人才培养质量至关重要。

参考文献

[1]新华社．习近平:高举中国特色社会主义伟大旗帜 为全面建设社会主义现代化国家而团结奋斗——在中国共产党第二十次全国代表大会上的报告[EB/OL]．(2022-10-25)[2023-06-21]．https://www. gov. cn/xinwen/2022-10/25/content_5721685. htm.

[2]教育部．教育部关于印发《高等学校课程思政建设指导纲要》的通知[EB/OL]．(2020-05-28)[2023-06-21]．https://www. gov. cn/zhengce/zhengceku/2020-06/06/content_5517606. htm.

[3]教育部．关于加快建设高水平本科教育 全面提高人才培养能力的意见[EB/OL]．(2018-10-08)[2023-06-21]．http://www. moe. gov. cn/srcsite/A08/s7056/201810/t20181017_351887. html.

[4]李春旺,范宝祥,田沛哲．"专业思政"的内涵、体系构建与实践[J]．北京联合大学学报,2019(4):2.

[5]闫长斌,郭院成．推进专业思政与课程思政耦合育人:认识,策略与着力点[J]．中国大学教学,2020(10):7.

[6]陈宝生．在新时代全国高等学校本科教育工作会议上的讲话[J]．中国高等教育,2018(23):7.

推进"三全育人"工作的实践与思考

石彦君 李扬 马静 房良

(北京林业大学林学院,北京　100083)

摘要:立德树人是高校办学治校的根本任务。北京林业大学林学院党委以"三全育人"工作为抓手,在教育教学中实施"林使命"党建领航、"林成长"思政育人、"林关怀"服务保障三大工程,厚植"替山河装成锦绣,把国土绘成丹青"的家国情怀,传承"牢记使命、艰苦奋斗、甘于奉献、绿色发展"的林人精神,深耕"植绿报国、为国守绿"的核心使命,把育人与育才贯通于教育教学各要素全过程,践行立德树人根本任务,提升人才培养质量。

关键词:立德树人;三全育人;人才培养体系;人与育才

立德树人是高校办学治校的根本任务。习近平总书记在党的二十大报告中指出:"全党要把青年工作作为战略性工作来抓,用党的科学理论武装青年,用党的初心使命感召青年,做青年朋友的知心人、青年工作的热心人、青年群众的引路人[1]。"北京林业大学林学院2019年作为"三全育人"综合改革试点院系以来,始终对标教育部《"三全育人"综合改革试点工作建设要求和管理办法(试行)》,紧扣林学"一流"学科建设,以"传承林学精神,培育林苑情怀,培养合格的林业建设者和接班人"为核心,实施"林使命"党建领航、"林成长"思政育人、"林关怀"服务保障三大工程,实现了育人质量的显著提升。2022年,学院被评为全国绿化先进集体;2021年,学院《知林情,树林志,育林人——北京林业大学林学院"三全育人"工作案例》荣获北京高校"三全育人"优秀成果奖工作案例类二等奖;"课程思政"建设被《中国教育报》、北京卫视等多家媒体报道,收录进教育部党史学习教育简报;学院两门课程和两支教师团队分别入选首批国家级、北京市课程思政示范课程和国家级、北京市课程思政教学团队;95人获得国家奖学

作者简介:石彦君,北京市海淀区清华东路35号北京林业大学,副教授,shi631029@126.com;

　　　　　李　扬,北京市海淀区清华东路35号北京林业大学,助理研究员,512583675@qq.com;

　　　　　马　静,北京市海淀区清华东路35号北京林业大学,副教授,majing2006@bjfu.edu.cn;

　　　　　房　良,北京市海淀区清华东路35号北京林业大学,讲师,fl0916@bjfu.edu.cn。

资助项目:2022年度北京市学校思想政治工作研究课题阶段性成果(XXSZ2022ZC25);

　　　　　北京林业大学"耕读植绿"劳动育人辅导员工作室阶段性成果。

金，75 人获得北京市"优秀毕业生"称号；《"五分钟林思考"课程思政"思专融合"新林科人才培养体系》获北京林业大学教学成果一等奖；近 3 年，本科生深造率保持在 63% 以上。

一、实施"林使命"党建领航工程，强化思想政治引领

（一）建立学院党委统领"三全育人"工作机制

学院党委充分发挥政治核心作用，制定实施《林学院党委贯彻落实学校党委决策部署工作规程》《林学院党建工作责任清单》，强化上级党组织决策部署的贯彻落实，落实学院各级党组织及负责人的政治责任。 修订完善学院党委会、党政联席会等会议制度，突出党的全面领导，健全党政分工合作、协调运行的工作机制。建立由学院党委书记、院长任组长，党政班子成员、学科（教研室）负责人、党支部书记为成员的学院"三全育人"工作领导小组，强化对"三全育人"工作的组织领导。 聘请关工委老教授为"三全育人"咨询专家，定期听取他们的意见和建议，指导"三全育人"工作开展。

（二）健全党支部、党员示范引领"三全育人"工作机制

学院党委扎实推进 "不忘初心、牢记使命"主题教育，引导教师党员坚守"为党育人、为国育才"初心使命，积极投身于教书育人。 建立院领导联系师生党支部工作制度，领导列席组织生活，为师生党支部讲党课，指导支部建设。 组织教师党支部与学生党支部、校内与校外党支部联学共建，促进教师与学生的相互学习、相互督促。 探索党员教育培训"一月一课"，定期邀请校内外专家为党员和积极分子开展党的最新理论和路线方针政策辅导，提升党员思想认识和理论水平。开设党员实践"选学菜单"，组织教师和学生党员代表赴上海和嘉兴中共一大会址、浙江安吉余村、塞罕坝林场等地，感悟中国共产党的"红色初心"和林业建设者的"绿色初心"。 坚持选树"党员先锋岗""学习标兵"等，引导党员争先进、做表率。

（三）健全党支部与教研室、班团协同工作机制

学院制定《教研室务会制度》《林学院教职工党支部把好政治关、师德关的实施细则》等制度，建立党支部与教研室协同工作机制，使教师党支部书记参与教研室重大事项决策，有效发挥党支部的政治把关作用。 开展学生"党—团—班"协同工作机制探索，组织学生党员联系班级和团支部，参与班级建设与管理，坚持团组织推优入党，强化学生党支部对班团建设的引领，形成党建带团建、促班建的联动机制。 每年制定党、团组织生活指导意见，指导团支部开展"我和我的祖国"爱国主义教育"我与国旗同框""我与祖国共成长""青春告白祖国"等系列活动，强化青年学生的思想引领。

二、实施"林成长"思政育人工程，搭建育人工作平台

（一）实施"林思考"课程育人

学院紧密结合林学学科专业特色，创新开展"五分钟林思考"课程思政工作，探索课程育人新模式。成立"五分钟林思考"课程思政工作室，依托教师党支部组建"五分钟林思考"课程思政创新团队，围绕林学专业骨干课程推进"五分钟林思考"课堂教学计划，组织教师党员把握课上"5 分钟"，通过话题引入，师生共同研讨生态文明建设、疫情防控与生物安全、林业精神与青年使命等，使专业课程与思想政治理论课同向同行，形成协同育人效应。以森林经营学科"全国高校黄大年式教师团队"为试点，对课程育人的实施方式和内容进行先行先试，起到示范引领作用。《中国教育报》、北京电视台等多家媒体对学院课程思政工作进行了采访报道。

（二）推进"林示范"科研育人

落实科研、思政"双导师"制度，将开展学生思想政治工作明确列入导师职责，利用组会、谈心谈话等对学生开展科研辅导和思想引导。定期开展导师培训，加强对导师立德树人和正确价值取向的引导，敦促他们在学术科研、为人处世等方面做学生的表率。举办"创新·兴林"林业院校优秀学生学术论坛，邀请中国林业科学研究院、东北林业大学、浙江农林大学等多所涉林院校的青年师生分享学术成果，推选学术科研榜样，搭建林业相关学科学生学术交流平台。坚持组织学生赴北京小龙门、黑龙江帽儿山等地开展实习，组织学生在科研外业期间撰写"我的外业日记"，利用新媒体平台分享科研技巧与心得体会，引导学生发现林业之美，增强学生的专业自信，"林示范"成为学院科研育人的品牌。

（三）拓展"林认知"实践育人

围绕"青春献祖国，彩虹在行动"主题，组织实施"林苑彩虹"大学生实践计划。在红色实践板块，组织师生参加国庆 70 周年志愿服务，组建国庆志愿服务宣讲团深入班级开展宣讲，对学生进行爱国主义教育。疫情期间，开展"林心抗疫"主题实践，倡导师生结合自身实际参加防疫志愿服务，培育他们的家国情怀。在绿色实践板块，组织师生赴内蒙古磴口县调研当地黄河流域生态保护状况和经济社会发展状况，为地方林业生态建设建言献策，在当地设立"三全育人"实践教育基地。在黄色实践板块，积极拓展劳动实践，成立了北京林业大学"耕读植绿"劳动育人辅导员工作室，申请立项北京市级课题《结合学科专业特点的新时代大学生劳动教育实践路径研究》，开展劳动教育研究与实践探索，定期组织学生到林场等地参加植树活动，培养学生劳动意识，增强学生劳动能力，在北京市丰台长辛店镇中华名枣庄园、内蒙古磴口、山东齐河鼎泰庄园林业种植专业合作社等地建立

"三全育人"劳动教育基地。学院分批次一年组织数百名学生开展"春季生态林修剪养护和林下可燃物处理"等义务劳动。在蓝色实践板块，引导学生积极参加环保志愿服务，"林歌回收""萌芽计划"等环保活动在学生中产生积极影响。

（四）丰富"林情怀"文化育人

充分挖掘学院建设发展形成的宝贵林业教育文化，结合新时代文化发展的新成果，探索兼具林业特色和时代特色的文化育人模式。以林业文化传承与创新为目标，开展"忆林人岁月，悟林学精神"专题访谈，组织学生代表访谈林学老专家、老教授，聆听林学院"办学治院"的艰苦奋斗历程，感悟前辈矢志林业、潜心育人的林人情怀，引导青年学生树立远大目标、增强专业自信，其中制作微视频《一个矢志不渝的育林人——沈国舫》，获教育部关工委"读懂中国"最佳微视频奖。在师生中广泛开展"林学精神"大讨论，研讨凝练"林学精神"内涵，引导学生自觉践行"林学精神"，肩负起强林兴林的职责使命。创建"绿动林院"文化品牌，举办"林歌声"十佳歌手赛、"林时代"元旦晚会、"林拾光"毕业季等活动，丰富学生课余文化生活，营造良好的文化育人氛围。

（五）创新"林能量"网络育人

完善"林苑资讯捞"微信公众号建设，积极利用网络平台开展思想政治教育，组织"我和我的祖国"系列活动、"林心聚力"战疫主题宣传、"林榜样"优秀毕业生专题报道等，弘扬时代正能量，引导学生树立正确价值观。拓展林苑网络育人平台，利用抖音、哔哩哔哩等新媒体，以"课堂"和"宿舍"为抓手，拍摄短视频，开展"学风""舍风"教育。依托网络平台推行学生事务办理"最多跑一次""最多找一次"，通过便捷网络体现服务育人，开通团委服务"AB 角""线上意见箱""服务好差评"等，搜集学生意见建议，便捷学生事务办理流程，探索形成"最多跑一次"改革"五步法"工作经验。在疫情期间，全面启动"云服务""云指导"实现学生事务办理在线上一次性完成，得到学生广泛认可。

三、实施"林关怀"服务保障工程，完善育人条件保障

（一）开展困难学生帮扶"青松计划"

针对少数民族学生、家庭经济困难学生等群体，学院建立以"青松计划"为核心的专项帮扶机制，帮助学生解决实际困难。坚持每年举办青松少数民族学生培训班，面向全校少数民族学生开展思想政治教育、普通话培训、学业辅导与就业指导，组织学员参观红色教育基地和主题展览，邀请高年级优秀学生开展朋辈辅导，为少数民族同学提供勤工助学岗位等，力争在思想、学业、生活等方面进行全方位精准帮扶。为少数民族预科 20 班单独配备专任辅导员担任班主任，定期开展深度辅导、走访宿舍等工作，全方位了解预科学生学习和生活方面的困难，并在班级内

部开展适合少数民族新生的特色活动，例如：少数民族歌舞表演、民族团结爱国诗歌演讲，发挥少数民族同学自身优势，帮助同学们找到自身闪光点，建立个人自信，定期开展学业、纪律、安全教育，培养优秀学生干部。　每年选聘关工委老教授担任"阳光优材"家庭经济困难学生成长项目导师，发挥老同志的长辈优势、时间优势、信念优势、经验优势等，把思想教育融入生活、学习帮扶的过程中，不断提高家庭经济困难学生的思想水平、政治觉悟、道德品质、文化素养。　为完善家庭经济困难学生帮扶体系，建立困难学生台账，拓展勤工助学岗位，对接行业、企业设立"中资蓝天""鼎泰林业"等专项奖助学金，为家庭经济困难学生发放一次性返乡补助，多种途径为经济困难学生解决后顾之忧，激励他们专心投入学习。

（二）开展学生教育培养"青苗计划"

开展"走进林业"新生育苗工程，将专业教育有机融入新生入学教育，邀请林业专家为新生主讲"开学第一课"，开设"专业认知见习周"，举办专业介绍交流会，引导新生认识林学专业、热爱林业事业、树立职业目标。　开展学生骨干育苗工程，举办"青苗计划"学生骨干训练营，综合运用专题讲座、培训沙龙、分组研讨、拓展实践、义务劳动等形式，分德智体美劳 5 个模块对学生骨干进行技能培训，进一步提升学生骨干工作实操能力和综合素质修养，努力培育一批素质高、能力强的学生工作队伍。　实施优秀毕业生育苗工程，发现和选树毕业生榜样，组织他们分享学习与就业经验，开展毕业生离校教育和毕业季主题活动，倡导感恩母校、铭记师恩、文明离校，为毕业生留下美好记忆。

（三）开展心理健康帮扶"青宁计划"

建立"学院—班级—宿舍"三级心理预警防控体系，构建"宿舍长—班级心理委员—班主任（导师、辅导员）—学院心理专职辅导员"四位一体的心理帮扶工作队伍。　在学校心理咨询中心的协助下建立针对本院学生的专业心理工作团队，对心理异常的学生状况及时进行分析研判与应急干预。　普遍开展大学生心理健康教育，邀请专家针对新生做"如何适应大学生活"专题辅导，设立"青宁辅导员信箱"，收集并回复学生心理疑问。　每年举办"5·25 心理健康节"系列活动，开展"青宁沙龙""青宁心理宣泄"等特色活动，普及心理健康知识，全面关爱学生心理健康。　建立心理问题学生档案，定期摸排重点关注对象心理状况。　制定学生意外事件处置预案，妥善处置学生的心理问题突发事件。

（四）开展学生就业帮扶"青葱计划"

成立"青葱工作室"服务学生就业指导，聘请职业指导师、企业负责人、就业专职教师等组建工作室导师团队，探索形成生涯规划、就业技能、面试技巧、创业指导四大模块、11 门就业指导课课程体系，推荐部分学生与"青葱"导师一对一就业咨询。　建立就业困难毕业生帮扶机制，院领导带头帮扶就业重点群体，教师党支部联系并指导部分就业困难学生，明确研究生导师的就业工作职责，探索聘请校友担任就业兼职辅导员，常态化举办校友面对面活动。加强与行业、企事业单位交流合作，拓宽学生就业途径，与重庆市林业规划设计院等近10家用人单位签订就业实习实践合作协议，推荐学生开展就业实习，学院毕业生就业质量保持较高水平。

（五）开展青年教师培养"青蓝计划"

教师是"三全育人"工作的主体，学院以"青年教师党校暨'青蓝'卓越青年教师成长计划训练营"为抓手，加快青年教师培养，努力建设高素质教师队伍，为育人工作提供强有力的保障。实施"新进教师导师制"，发挥老教师的传帮带作用，为新进青年教师配备导师，帮助他们转换角色，提升教学科研能力，为适应新环境打下基础。建立青年教师政治理论学习制度，引导他们将理想信念教育贯穿教育教学和专业实践全过程，强化青年教师理想信念和师德师风建设。针对本科非林学专业的教师，开设14门林学专业基础课程，设计林学专业南—北京林业大学区实践考察，组织教师利用假期赴东北、海南、西藏等地区的典型林区考察学习，为青年教师补齐短板、加强实践、丰富学识提供平台。

四、推进"三全育人"工作的思考

（一）育人资源需进一步协同

育人是协同的过程，强调人员协同、资源协同。一是教学管理服务岗位人员相协同。要健全完善育人工作体系，教学管理服务岗位人员要缪力同心、同向同行、各尽其责，形成育人合力，守好一段渠，种好责任田，形成"大思政"工作格局。二是思政课教育资源与专业课教育资源相协同。要推进思政课程与专业类课程"课程思政"的互构互通，发挥思政课对专业课程的价值导向和理论指导作用，形成专业课程与思政课程之间的协同融合效应。三是"第一课堂"与"第二课堂"相协同。要推进高质量人才培养体系的构建和完善，以全链条、闭合式管理模式，实现"第一课堂"与"第二课堂"在育人目标、任务、方向上相互衔接、提质增效。

（二）育人内涵需进一步丰富

拓展育人工作的广度和深度，是开展"三全育人"工作的本质要求。一要推进"五育"并举。在强化德育、智育的同时，整体推进劳动教育、美育和体育，完善现有育人体系。二要加强党的领导。以提升师生党支部组织力为重点，以高质量党建引领育人质量提升，丰富师生党支部工作内容和抓手，搭建师生党支部作用发挥的平台和载体。

（三）育人特色需进一步挖掘

要充分挖掘思想政治教育、教育教学和学生成长成才的规律和特点，立足实际，突显特色和优势。 一要结合校园文化内涵，深入挖掘思政教育元素，铸魂育人。 二要结合专业特色特点，立足国家战略需要和社会服务需求，厚植家国情怀。 三要结合学生来源地域不同、年级不同、专业不同，紧扣特点和实际，针对性开展思政教育，突出特点、突出特色、提升效果。

参考文献

[1]新华社. 习近平:高举中国特色社会主义伟大旗帜 为全面建设社会主义现代化国家而团结奋斗——在中国共产党第二十次全国代表大会上的报告[EB/OL]. (2022-10-25)[2023-06-21]. https:∥www. gov. cn/xinwen/2022-10/25/content_5721685. htm.

基于不同学科专业特点的大学生
劳动教育模式研究

马　静　房　良　何　晴　孟秋实　岳　攀

（北京林业大学林学院,北京　100083）

摘要:劳动教育是国民教育体系的重要组成部分,对学生的成长起着至关重要的作用,具有树德、增智、强体、育美的综合育人价值。劳动教育要坚持因地制宜的基本原则,宜工则工、宜农则农,体现学科专业特点,采取多种方式开展劳动教育,避免"一刀切"。本文旨在了解"四新"建设背景下不同学科专业的主要特点,分析其对劳动教育的不同需求、主要典型做法和案例,提出基于不同学科专业特点的大学生劳动教育模式建议,为高校进一步分层分类、精准施策地开展大学生劳动教育提供参考和借鉴。

关键词:"四新"建设;学科专业特点;大学生;劳动教育

习近平总书记在全国教育大会上提出建构"五育并举"的教育体系,进一步提升了劳动教育的地位。 劳动教育是国民教育体系的重要内容,是学生成长的必要途径,具有树德、增智、强体、育美的综合育人价值[1]。《中共中央 国务院关于全面加强新时代大中小学劳动教育的意见》和《教育部关于印发〈大中小学劳动教育指导纲要（试行）〉的通知》中均强调了学科专业特点的重要性,特别指出要坚持因地制宜基本原则,宜工则工、宜农则农,采取多种方式开展劳动教育,避免"一刀切"[2]。 这充分说明,开展大学生劳动教育应充分结合学科专业特点,采用精准化思维、精细化举措来创新大学生劳动教育模式。

一、"四新"建设的内涵和学科专业特点

2021 年 4 月,习近平总书记在清华大学考察期间强调了推进"新工科、新医

作者简介:马　静,北京市海淀区清华东路 35 号北京林业大学,副教授,majing2006@ bjfu. edu. cn;

　　　　房　良,北京市海淀区清华东路 35 号北京林业大学,讲师,fl0916@ bjfu. edu. cn;

　　　　何　晴,北京市海淀区清华东路 35 号北京林业大学,讲师,heqing@ bjfu. edu. cn;

　　　　孟秋实,北京市海淀区清华东路 35 号北京林业大学,讲师,mqs1129@ bjfu. edu. cn;

　　　　岳　攀,北京市海淀区清华东路 35 号北京林业大学,讲师,254259180@ qq. com。

资助项目:2022 年度北京市学校思想政治工作研究课题阶段性成果(XXSZ2022ZC25);

　　　　北京林业大学"耕读植绿"劳动育人辅导员工作室阶段性成果。

科、新农科和新文科建设"的重要性。 之后，"四新"建设开始以前期模式探索为基础走向范式变革，成为引领中国高等教育改革创新的标志性举措[3]。"四新"建设工作旨在对标国家发展的"四力"，即通过新工科建设来增强国家硬实力，通过新医科建设来促进全民健康力，通过新农科建设来推动生态成长力，以及通过新文科建设来加强文化软实力[4]。

新工科的概念自 2016 年开始提出，其核心目标是培养具备创新创业能力、跨界整合能力和高素质的交叉复合型卓越工程科技人才，以满足国家战略需求并促进产业发展。 这一概念强调了工程学科与专业的主动布局、设置和建设，以适应未来的发展趋势[5]。 新工科是综合大学理科应用发展的方向和创新增长点，同时也是工科优势大学集成创新的重要途径，最终为新兴产业注入活力并促进其持续发展。 新工科教育注重实践和创新创业等各种能力的发展，强调培养多元化、综合型、应用型和全面型的人才[6]。 新工科教育与传统教育模式的不同之处在于更加注重学习者的工程实践和创新能力培养，强调解决复杂工程系统实际问题的能力[7]。

新医科建设正致力于实现从以治疗为主到关注生命全周期、健康全过程的全面覆盖。 同时，积极探索医学与其他学科专业的交叉融合[3]。 新医科是将传统医学与机器人、人工智能、大数据等技术融合，以体现其新特点和智能化的发展方向。 与传统医学人才相比，新医科人才更加具备应对时代挑战的使命感，注重培养多领域交叉素质，以满足社会对于复合型、应用型、灵活性强的医学人才的需求[8]。

新农科发展的未来愿景在于加强培养知农爱农的新型人才，提升农业科技创新水平，增强对"三农"服务的贡献度，并提高农林教育的国际竞争力[4]。 新农科建设以强农兴农为己任，特别关注绿色生态产业的推进。 通过运用现代生物科技改善传统的农林专业，致力于构建实践教学平台，并创新科教结合的协同育人机制，旨在积极推动农业农村现代化、保障国家粮食安全、促进生态文明建设等[3]。 新农科建设下的新林科建设的愿景目标包括推进林业草原高等教育供给侧改革，整体构建与国家生态文明建设、林业草原高质量发展相适应的学科和专业体系[9]。

新文科学科门类的涵盖范围广泛，整体上需要加强学科与社会的融合，特别注重将现代科技，尤其是人工智能技术纳入其中[3]。 新文科建设将现代信息技术与传统文科专业相结合，旨在拓宽学生的知识面、提升学生的综合学习能力和创新思维能力。 通过利用互联网、大数据分析等工具，学生可以获取到丰富多样的学习资料，并进行个性化学习。 新文科建设以中国特色社会主义新时代为背景，推动传统文科教育向交叉融合转变，并致力于培养适应社会需求、具备全面发展和适应未来社会能力的人才。

二、不同学科专业的劳动教育需求和典型做法

每个学科领域都有其独特的知识体系、技能要求和职业发展方向。 各个学科领域中的专业都有其独特的定义和特征，这也导致了对劳动教育不同方面的需求。 因此，在进行大学生劳动教育时，需要充分考虑这些差异性，并针对不同学科专业制定相应的教育目标和针对性举措。 目前，各高校结合本校学科专业特点开展劳动教育实践，取得了一定效果，部分实践举措具有一定的典型性和代表性。

（一）新工科教育对劳动教育的需求和典型做法

新工科教育和劳动教育的目标具有一定的共性，均是通过理念更新和模式变革，解决高等教育人才培养与社会需求脱节的问题。 这两种教育都强调与新时代劳动发展的趋势紧密结合，旨在培养适应未来工作和劳动所需求的人才。 此外，两者还特别注重培养大学生的社会责任感、创新精神和实践能力[10]。 新工科建设旨在提升国家的硬实力，培养具备创新精神和实践能力的工程技术人才。 因此，在劳动教育中，为了培养新工科专业学生的实际动手操作能力和问题解决能力，可以通过开展动手参与的专业劳动课程与实习实践，来为学生提供实际操作的机会，让学生在工程项目应用的真实场景中运用所学知识，并着力锻炼学生的创新思维和实践能力。

华北理工大学、湖南第一师范学院和福建农林大学等院校的相关专业均结合工科专业的特点，在劳动教育方面进行了创新探索。 华北理工大学对工科各专业原有的生产实习的实践环节课程进行了改革，旨在让生产实习不仅仅停留在"走马观花"的参观阶段，而是通过寻找合适的企业或校企融合新途径，让学生能够通过顶岗实习、带薪实习等方式真正动手参与企业的各种专业劳动[11]。 湖南第一师范学院为了满足通信工程专业人才技能的培养需求，构建了以能力为本位、以职业活动为主线、以学习者为中心、以工程项目为主体的模块化课程体系，将劳动教育融入专业课程学习与实习实训中，实现了专业劳育[7]。 福建农林大学交通与土木工程学院提出了"双体系双融合"的劳动教育培育路径，在劳动教育的实施过程中融入"工中有农，工农结合"的思想，并充分利用农林资源、加强优势学科融合，通过将劳动教育渗透于学生专业教育和日常培养的方方面面，实现了全方位的培养目标[12]。

（二）新医科教育对劳动教育的需求和典型做法

新医科建设致力于提升全民健康力，培养高水平医疗人才。 在"大卫生、大健康"的顶层设计理念下，医疗行业正朝着智能化和岗位综合化的方向发展，对医疗职业技能人才的要求也在逐渐提高。 强调劳动教育的综合育人方式有助于培养新医科学生树立劳动光荣观念。 在新医科职业技能训练中，将劳动行为教育与职

业教育相融合，将医疗职业精神与劳动精神深度融合，可以有效培养新医科人才对自身职业荣誉感的价值认同，满足医务服务的人才需求。 在新医科建设背景下，劳动教育的培养模式可以从智能医学和实践医学等角度进行拓展，以促进新医科人才的综合实践能力和专业动手能力的培养[13]。

西南医科大学等医学类院校积极引导学生参加卫生防疫、群众安置、设施抢修和心理安抚等志愿服务，将"三下乡""健康大讲堂""健康微讲座"和义诊等活动作为医学生参与社会实践的大课堂[11]。

（三）新农科对劳动教育的需求和典型做法

新农科建设旨在提升生态成长力，培养具备农业科技创新能力和可持续发展意识的农业人才。 在劳动教育中，新农科专业需要注重培养学生的实践操作能力，传授给他们田野实践、林地抚育经营等技术，可以通过田间实习、农场或林场实践等方式，让学生深入了解现代农林业技术和可持续发展理念。

对农科高校来说，耕读教育是最好的劳动教育。 农科高校开展耕读教育具有促进学生全面发展、传承中华农耕文化、培育乡村振兴人才、凝练农科高校特色等多维价值。 农科高校要将耕读教育纳入人才培养方案、多方联动共建实践场地、配备校内校外师资队伍、将耕读教育纳入评奖及"双创"教育，为耕读教育提供制度保障、场地保障、师资保障和激励保障[13]。

北京林业大学立足新时代培养知农爱农新型人才的新要求，全面加强和改进耕读教育，在实践中创设了"春植、夏认、秋抚、冬防"耕读教育品牌，探索形成耕读教育"333"融合机制，让学生在山水林田湖草沙一体化保护和系统治理的生动实践中，厚植"植绿报国"北京林业大学精神，涵养知行合一劳动品质，提高干事创业能力，深入绿水青山，建设美丽中国。

中国农业大学致力于将农耕文明融入教育体系，培养学生对农业的理解和热爱，并激发学生为农业事业做出贡献的意愿。 中国农业大学在教育课程中开设了一系列与农耕文明相关的课程，包括"中华农耕文明""农业文化""农学概论"和"中国三农问题"，以及"大国三农"系列课程。 并设立了劳动周，开展了如"亲近自然""农活初体验"和"动物零距离"等一系列特色活动[11]。

（四）新文科对劳动教育的需求和典型做法

新文科建设旨在提升文化软实力，培养具备人文素养和创新思维的人文社会科学人才。 在劳动教育中，新文科专业需要注重培养学生的创造性思维和表达能力，可以通过社会调研、实地考察等方式，让学生深入了解社会现象和人文历史，培养其批判性思维和创作能力。

金陵科技学院人文学院聚焦数字出版专业，提出从纵向和横向两个维度开展大学生劳动教育，纵向以价值取向为指导，将劳动教育贯穿大学生整个教育周期；横向则表现为将劳动教育内容融入数字出版专业各类课程的教学与实践中,以期达到优化劳动教育效果、全面培养数字出版专业大学生综合素质与夯实专业技能等目的[14]。

三、基于不同学科专业特点的大学生劳动教育模式建议

(一)构建符合不同学科专业特点的劳动教育课程体系

根据不同学科专业的需求差异,差异化设计劳动教育课程体系,制定相应的劳动教育计划和活动内容,确保符合各个专业领域的要求。同时还应注重提高劳动教育课程体系中的综合实践课程占比。充分结合学科专业特点,开设综合实践课程,尽量避免劳动教育综合实践课程与专业实习课的雷同,避免"有劳动无教育"或"有教育无劳动",让学生能够在实际操作中体会劳动教育的价值感和获得感,在劳动实践中学习和应用相关专业知识和技能。

(二)以课程思政为载体不断强化劳动教育的学科渗透

运用课程思政的成熟模式,在专业教育中融入劳动教育,有助于引导学生在专业课程学习中培养劳动意识,树立正确的劳动观和劳动价值观,以塑造具备职业素养、品德高尚的个体。此外,这种渗透还能够向学生传授专业领域的基本知识和技能,培养学生具备未来工作岗位所需的专业能力,并实现个人全面发展。

(三)建立产学研结合的劳动教育模式

针对不同学科专业的需求,在大学生劳动教育中可以建立产学研结合的模式。通过与相关工厂、企业、医院、社区、林场、合作社等单位的合作,提供实践机会和项目任务,引入与学科专业特点更对口的社会资源。这些资源包括相关行业的专家、企业导师、技术工匠、实习岗位、项目机会等。通过与专业结合紧密的实验室、工作坊、企业等合作,建立多样化的实训基地,积极搭建平台,促进学校与社会资源之间的交流与合作,为学生提供更丰富多样的实践机会,并确保这些资源能够与学科专业特点紧密结合,真正发挥其教育作用。

(四)基于不同学科专业特点构建差异性、个性化劳动教育考核评价体系

针对课程评价、劳动素养评价、实践效果评价等方面进行优化设计。根据不同专业领域的需求,设计相应的评价指标和考核项目,注重培养学生在劳动实践中所需要具备的专业能力和素养,通过与综合素质(二课堂)成绩单、评优量化考核挂钩等奖励约束机制来激励引导学生积极参与劳动教育活动,并通过评估技能运用、解决问题能力、创新能力等来全面客观评价学生在劳动教育中的实际表现和效果。

(五)营造具有学科专业特点的劳动教育校园文化氛围

学校应组织各类与专业相关的劳动教育活动,例如专业实践大赛、劳模讲堂等

活动，宣传劳动精神、劳模精神、工匠精神。通过这些活动，学生将有机会接触到劳动榜样、真实的工作环境和问题，并且能够将所学知识应用到实践中。学校可以建立与劳动教育和专业紧密相关的社团，给学生提供一个提升和展示自己专业技能的平台。此外，在校园中设置专门的劳动教育展示区域或场地也是非常重要的。这个区域可以展示学生在劳动教育中所取得的成果和表现，包括作品展示、实验装置等。通过展示学生的表现和成果，鼓励更多的学生积极参与到劳动教育中来。

（六）建设人员类型多元化的劳动教育师资队伍

以长期或短期的方式，组织专业教师、辅导员、其他行政管理人员、实验室管理员、校外专技人员、企业导师、工匠师等不同类型的人员充实到劳动教育的师资队伍中来，建立一支高水平、专业化、学缘结构和人员类型多元化的劳动教育师资队伍。

（七）提供更贴合学科专业特点和实际的安全保障措施

聚焦与学科专业特点相关的领域，做好安全预案，建立完善的安全管理制度和操作规程，加强对学生的安全培训，与相关行业单位建立紧密合作关系，共享资源和经验，提供更具针对性的安全指导和技术支持，有效保障学生在劳动教育中的安全。

参考文献

[1]新华社.中共中央 国务院关于全面加强新时代大中小学劳动教育的意见[EB/OL].(2020-03-26)[2023-08-20].https://www.gov.cn/zhengce/2020-03/26/content_5495977.htm.

[2]教育部.教育部关于印发《大中小学劳动教育指导纲要(试行)》的通知[EB/OL].(2020-07-07)[2023-08-20].https://www.gov.cn/zhengce/zhengceku/2020-07/15/content_5526949.htm.

[3]马陆亭.新工科,新医科,新农科,新文科:从教育理念到范式变革[J].中国高等教育,2022(12):3.

[4]吴岩.深化"四新"建设,走好人才自主培养之路[J].重庆高教研究,2022,10(3):3-13.

[5]林建.面向未来的中国新工科建设[J].清华大学教育研究,2017(2):26-35.

[6]宋李玲.新工科背景下大学生劳动教育融入专业教育探究[J].池州学院学报,2022,36(4):137-139.

[7]孙元,付淑敏.新工科背景下劳动教育与专业教育融合研究:以湖南第一师范学院通信工程专业为例[J].湖南第一师范学院学报,2020,20(2):4.

[8]宋元明."人工智能+医学"新医科人才培养探索:以部分高校实践为例[J].中国高校科技,2020(8):65-68.

[9]于晓,雷秀雅,刘浩宁,等."新林科"背景下林草高校劳动教育模式与路径:以北京林业大学心理学系为例[J].林草政策研究,2021,1(4):7.

[10]蒋艳.社会主义先进文化与社会主义核心价值观的共同属性[J].思想教育研究,2019(1):58-61.

[11]曲霞,党印.中国劳动教育发展报告(2022)[M].北京:社会科学文献出版社,2022.

[12]郑丽丽．新工科建设背景下农林院校劳动教育发展的现状与路径:以福建农林大学交通与土木工程学院为例[J]．江西电力职业技术学院学报，2022，35(1):3.

[13]李晓燕．新医科人才培养中有关劳动教育的研究[J]．产业与科技论坛,2023,22(5):216-217.

[14]曾秀兰,石玉强,孙林．农科高校开展耕读教育的多维价值及路径探讨[J]．高等农业教育,2021(5):10-14.

[15]李文文,杨友清．新文科背景下数字出版专业劳动教育策略研究[J]．无锡职业技术学院学报，2022, 21(3):44-48.

"经济林栽培学"课程思政教育探索

苏淑钗　　孙永江　　白　倩　　曹一博　　侯智霞　　张凌云

（北京林业大学林学院,北京　　100083）

摘要:课程思政是当前学生思想政治教育的新途径新模式。"经济林栽培学"是经济林专业最重要的核心课程,北京林业大学经济林栽培团队在"经济林栽培学"教学过程中系统梳理总结各章节的思政元素,结合"两山"理论,以我国经济林在脱贫攻坚、乡村振兴、生态文明建设等国家战略实施中取得的重大成就,以及知名经济林专家李保国科技扶贫的先进事迹为典型案例,在向学生传授课程知识的同时引导他们树立正确的价值观。在政治认同、家国情怀、道德品格、科学精神、文化自信、生态文明、法治意识、全球视野、专业自信等维度提升了思政水平,增强了学生的使命感和责任担当,激发了学生学习的主动性,为农林高校"经济林栽培学"课程思政建设提供借鉴和参考。

关键词:经济林栽培学;思政教育;乡村振兴

　　我国是世界第一大经济林生产国[1],经济林产业发展对保障林业可持续发展、促进生态文明建设、解决民生问题意义重大[2]。 北京林业大学应新时期国家生态文明、乡村振兴等战略发展需求,于 2018 年在全国率先成功申办经济林本科专业。"经济林栽培学"为经济林专业最重要的专业核心课程。 2020 年,教育部印发《高等学校课程思政建设指导纲要》,提出"全面推进高校课程思政建设"[3],作为全国高校"三全育人"综合改革试点院系,北京林业大学林学院高度重视课程思政建设,策划实施了"五分钟林思考"课程思政工作[4],成立了"经济林栽培学"课程思政教学团队,团队教师赴习近平总书记视察过的光山油茶林基地及经济林人杰出代表、获"时代楷模"荣誉称号的李保国教授的科研扶贫基地开展学习调研,明确经济林栽培在国家发展战略中的定位。 聘请 10 位思政导师,定期组织教师开展思政教学研讨,深入挖掘凝练该课程所蕴含的思想政治教育元素和承载的育人功能。 对"经济林栽培学"的课程教学进行了一系列改革,取得了较好的成效。

作者简介:苏淑钗,北京市海淀区清华东路 35 号北京林业大学,教授,568378121@ qq. com;

　　　　　孙永江,北京市海淀区清华东路 35 号北京林业大学,副教授,sunyongjiang12@ 163. com;

　　　　　白　倩,北京市海淀区清华东路 35 号北京林业大学,讲师,baiqian0219@ bjfu. edu. cn;

　　　　　曹一博,北京市海淀区清华东路 35 号北京林业大学,副教授,caoyibo@ bjfu. edu. cn;

　　　　　侯智霞,北京市海淀区清华东路 35 号北京林业大学,教授,hzxn2004@ 163. com;

　　　　　张凌云,北京市海淀区清华东路 35 号北京林业大学,教授,lyzhang73@ sohu. com。

一、"经济林栽培学"课程思政建设总体设计情况

"经济林栽培学"课程思政紧密围绕我校"世界一流林业大学"的办学目标，结合国家一流林学专业优势，以培养具备国家使命感、国际担当、创新精神，基础扎实、实践能力强、综合素质高的复合应用型人才为目标开展创新教学。

根据林学专业特色，结合"两山"理论，通过讲授经济林在脱贫攻坚、乡村振兴、生态文明建设等国家战略实施中的重要作用，以我国经济林发展取得的重大成就以及知名经济林专家李保国科技扶贫的先进事迹为典型案例，激励学生坚定服务乡村的信念，培养学生的家国情怀和专业自信，增强使命感和责任担当，激发学习的主动性，发挥专业优势，造福人民、强盛国家。

结合我国经济林栽培利用悠久的历史和中华人民共和国成立以来取得的巨大成就，培养学生的文化自信和政治认同，结合经济林树体特点和生产发育规律，传授道法自然的基本理念和科学精神，培养客观、严谨、实事求是、守法自律、吃苦耐劳的品格。

以"培养家国情怀，树立使命担当"为主线，以"树情怀、培修养、立使命"为目标，建立九大维度思政教学案例库。倡导向树学习、向榜样学习，采取画龙点睛式、专题嫁接式、隐性渗透式等教学手段，潜移默化地实现思政与专业课程相互促进，有力支撑林学专业人才培养目标的实现。

二、"经济林栽培学"课程思政教学载体

（一）向树学习

结合经济林树体特点和生产发育规律，传授道法自然的基本理念和科学情况，培养学生客观、严谨、实事求是的品格。

（二）带着使命学习

结合"两山"理论，指导学生带有目的地学习，通过介绍经济林和乡村振兴、生态文明建设等国家战略的关系，结合分析自己家乡经济林树种生产现状，激励学生扛起振兴家乡经济林大旗，培养学生的家国情怀和专业自信，激发学生学习的主动性。

（三）向榜样学习

以我国知名经济林专家、"人民楷模"、太行山的"新愚公"李保国技术扶贫的先进事迹，激励学生以李保国为榜样，坚定服务乡村的信念，以过硬的经济林栽培技术造福人民、建设国家。

（四）在实践中学习

带领学生走太行山道路，在实习过程引导学生总结经济林特色和社会责任，并在李保国陵前宣誓：爱专业、法自然、知花果、具匠心、绘丹青、创辉煌！ 增强学生的使命感和责任担当。 指导学生利用所学经济林知识服务社会，如进行经济林生物学特性观察实习后，组织学生在奥林匹克森林公园开展面向北京市民的花果知识科普服务，受到社会好评；利用假期指导学生进行北京密云水库周边板栗林栽培及水土流失调查、北京经济林种质资源调查、油茶管理新技术培训、迁西板栗产业规划等。

引导学生围绕国家需求申报大学生创新创业科研选题，如根据学生生源家乡情况，在广西百色、江西上饶、湖南株洲等贫困地区开展油茶优质丰产栽培研究，将学业与乡村振兴紧密结合。 将李保国的绿岭核桃基地作为北京林业大学研究生科研实践和思政教育基地，在榜样感召下围绕核桃产业发展卡脖子问题，开展核桃机械化采收预处理研究，增强学生的使命感和责任担当。

三、"经济林栽培学"课程思政教学实践情况

"经济林栽培学"课程思政教学实践秉持"知山知水，树木树人"的办学理念，围绕林学专业特色和课程特点，积极开展教学实践。

（一）结合课程知识点，挖掘思政元素

根据"经济林栽培学"服务于乡村振兴与生态环境建设的特点，挖掘思政元素，并归于九大维度：

1. 政治认同

中华人民共和国成立以来的经济林发展和成就，是在党和国家政策支持下取得的，使学生认同和拥护中国共产党的领导。

2. 家国情怀

以知名经济林专家、太行山的"新愚公"李保国等先进事迹为典型案例，激励学生坚定服务乡村的信念，以过硬的经济林栽培技术造福人民、建设国家。

3. 文化自信

中华民族利用和栽培经济林历史悠久，创造了灿烂的农业文明，增强学生的文化自信。

4. 生态文明

经济林产业既能创造经济价值，脱贫致富，又能绿化荒山，防止水土流失，发挥生态服务功能，最能体现"绿水青山就是金山银山"可持续发展观和生态文明思想。

5. 科学精神

结合经济林树体和生产发育特点，传授道法自然的基本规律；通过科学规划、选种和种植、合理修剪、平衡施肥等实践树立科学精神。

6. 道德品质

向树木学习，尊重自然、尊重生命，培养客观、严谨、实事求是的品格，将其渗透于各个教学环节中。

7. 法治意识

树木的器官各司其职，只有平衡营养生长和生殖生长才能收获丰硕果实，引导学生各当其位，团结协作，遵纪守法；通过经济林新品种保护知识和案例介绍，让学生明白法治是产业健康发展的保证。

8. 全球视野

介绍国内外经济林发展特点与动态、经济林资源保护和良种引进，比较我国经济林栽培机械化和智能化与先进国家的差距，使学生树立全球视野，培养沟通和合作意识。

9. 专业自信

通过介绍经济林在我国以及世界上的产业地位、经济林的理论与实践成就、典型案例，使学生热爱专业，建立自信。

（二）各章教学内容和思政元素融合

在教学内容上，紧扣时代脉搏，对专业课程的内容进行改造、融合、创新，打造课程思政元素的新载体；根据课程不同章节的教学内容，挖掘与专业知识点相关联的课程思政元素（图1）。

四、"经济林栽培学"课程思政教学方法

（一）创新"嫁接"式课程思政教学法

突破传统"说教"形式，借鉴经济林木通过"嫁接技术"增强品种抗性、提高产量和品质的特点，将典型思政元素"嫁接"到课程教学过程中，通过融合并发挥两者优势，引导学生建立政治认同感、专业责任感和历史使命感。

案例1：介绍习近平总书记视察油茶林情况，使学生感受到国家对人民生活的关怀，建立政治认同。经济林是变绿水青山为金山银山的最佳选择，在乡村振兴和生态文明建设中意义重大。建立学生的专业自信，同时指出由于经济林人才缺乏，还存在大面积低效林，增强他们的历史使命感。

（二）创新形成"画龙点睛"式课程思政教学法

发挥榜样力量，引导学生领悟"工匠精神"，通过在关键教学内容增加典型案

课程体系	专业知识点	相关联的课程思政元素	所属思政融入点
	经济林栽培历史	培养学生对华夏民族的源远流长历史的自豪感	文化自信
绪论	经济林发展现状	中华人民共和国的成立使得我国经济林取得的巨大成就	家国情怀
	经济林地位	结合李保国案例，分析经济林在乡村振兴中的作用	专业自信
经济林树木的生长发育	经济林生命周期	思考人生规划，树立远大理想	道德品质
	主要器官功能	学会各当其职，各守职分；遵纪守法、团结协作	法治意识
经济树木与环境	适地适树原则	顺应时代发展，个人发展与国家强盛相结合	家国情怀
	抗逆栽培技术	培养积极面对困境的心态	道德品质
经济树木的繁殖	种子苗根系特点	培养踏实肯干的作风	道德品质
	嫁接苗优点	学会团结合作，站在巨人肩膀上前进	科学精神
良种生产与经济林基地营建	种苗繁育技术	培养诚信为本的准则	道德品质
	生产园建设技术	强调生命与环境的相互依赖性	生态保护
经济林抚育管理	土壤水肥管理	珍惜、维护良好家园环境	生态保护
	树体结构管理	建构良好的知识体系，实现人生目标	专业自信
	环境调控技术	发挥意识的能动作用和改造客观世界的作用	科学精神

经济林栽培学

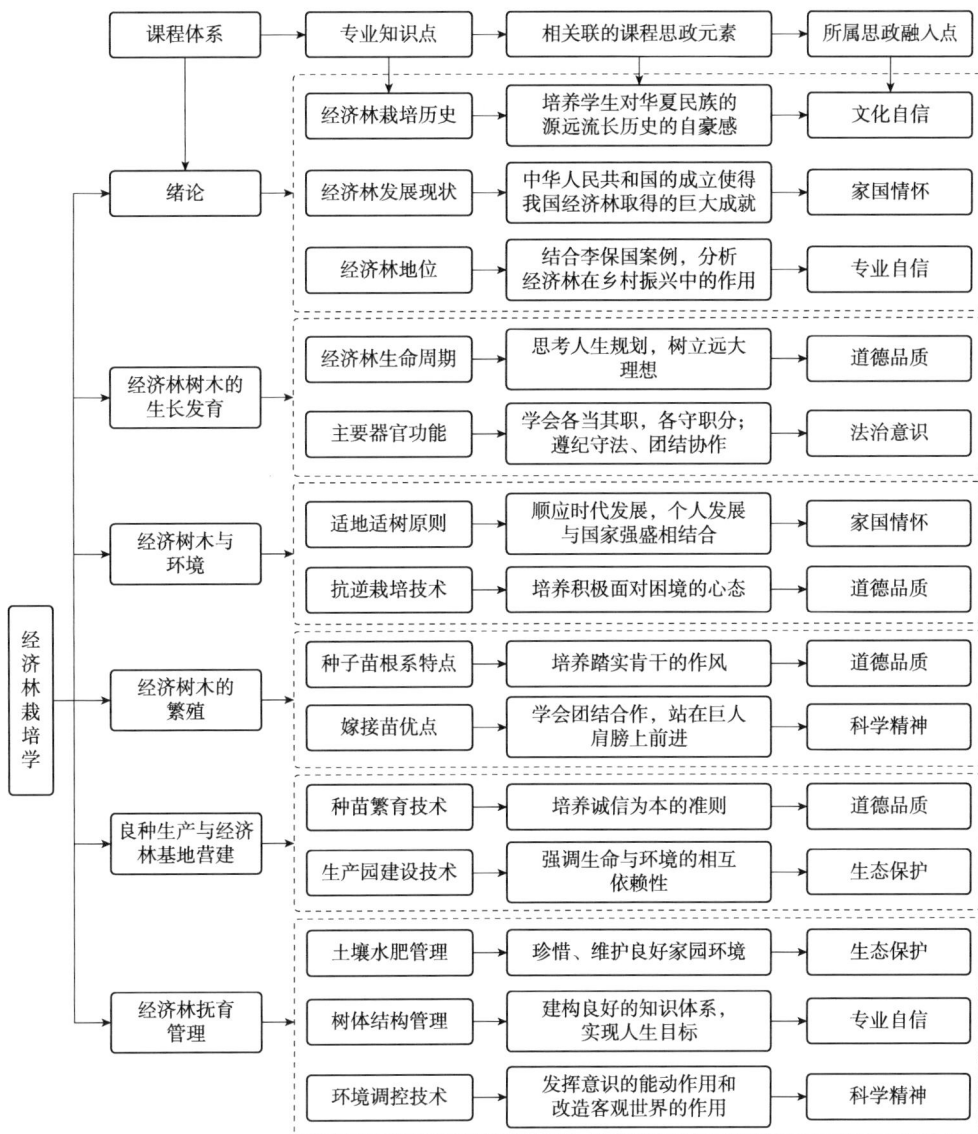

图1　"经济林栽培学"课程思政教学内容安排

例的讲解，使课程思政内容更加深刻而生动，起到"画龙点睛"效果。

案例2：带领学生到"人民楷模"李保国教授扶贫地点实习。介绍李保国教授三十五年如一日、把毕生精力投入到山区建设和带领农民脱贫致富事业中的感人事迹，让学生领会经济林对脱贫攻坚、乡村振兴的意义，坚定专业信念。

（三）创新"向树学习"课程思政教学方法

倡导学生向树学习，正确认识生长结果习性，提高学习效率的同时，养成客观、严谨、诚实守信、自律守法的品格。

案例3：讲到树种本身是自动记录仪，引导学生诚信做人，培养客观、严谨、实事求是的品格；讲到经济林生命周期，引导学生思考自己的人生规划；讲到各器官生长发育规律，一株树根、芽、枝、花、果这些器官只有各司其职，平衡营养生长和生殖生长才能收获甜美的果实。引导学生在生活中的方方面面要学会各当其位，各守职分，只有社会各成员的守则意识、知行合一、团结协作，大至国家，小到家庭才能稳定、和谐。

五、"经济林栽培学"课程融入思政教育的效果

（一）学生评价

从政治认同、家国情怀、道德品格等九大维度提升了学生思政水平，使其成为勇于担当、敢于创新、基础扎实、实践能力强的复合应用型人才。学生教学评价在96分以上，经济林专业学生对"经济林栽培学"这门课的评价在97分以上，理论课与实践课教学评价均进入全院前两名，其受喜爱程度可见一斑。学生通过课程学习，已学会立足于乡村振兴，心怀家国，肩负使命，着眼于全局发展，着力于科学规划，脚踏实地，砥砺前行。正如他们于李保国先生陵园宣誓所说："我愿拥抱阳光，扎根大地，爱专业，法自然，知花果，具匠心，绘丹青，创辉煌！和树一起，努力成长。把精彩论文写在祖国大地，把科研成果送进万户千家。让青山结硕果，乡村创辉煌！"

（二）教师评价

经济林思政教学经验多次在校内外进行思政教学研讨会上交流，在校外同行、学院内及其他学院获多方好评，"经济林栽培学"课程思政教学经验多次在全校分享交流；"坚定专业信念，服务乡村振兴"入选首届"优秀思政教学案例"，由人民网出版；北京林业大学"经济林栽培学"入选北京市课程思政示范项目，"经济林栽培学"团队获北京市高校思政教育优秀团队。

（三）社会评价

通过多维实践体系，教学相长，经济林首届学生（经济林19班）大部分都主持了大学生创新项目，学生利用所学服务乡村振兴和科普教育，获"互联网+"创新创业大赛北京赛区三等奖两项，北京市大学生优秀创业团队1个。学生利用所学服务社会，在节假日进行密云水库周边板栗林栽培及水土流失调查、油茶管理新技术培训、北京市经济林种质资源调查、奥森公园花果知识科普等；学生走太行山道路实习情况被媒体连续报道；结合"经济林栽培学实习"开展板栗产业现状调查，进行迁西板栗产业规划，得到当地政府和企业高度赞扬，解决了学生实习期间的住宿、交通等各项费用，服务地方经济林产业发展的同时，培养了学生的能力，增强了专业自信和社会责任感。

参考文献

[1]周晓光.国外经济林产业技术发展经验及启示[J].经济林研究,2020,38(4):246-252.

[2]许斐然,贾卫国,吕柳,等.我国经济林产业发展问题分析与对策研究[J].中国林业经济,2021(3):1-3,48.

[3]全面推进高等学校课程思政建设:教育部高等教育司负责人就《高等学校课程思政建设指导纲要》答记者问[EB/OL].http://www.moe.gov.cn/iybxwfb/s271/202006/t20200604-462551.html.

[4]石彦君,李扬.五分钟林思考:林业院校课程思政改革的探索与实践[J].中国农业教育,2020,21(4):25-28.

"林木营养与施肥"课程思政探索

王海燕　　李素艳　　张向宁

（北京林业大学林学院,北京　100083）

摘要:深入挖掘思政元素并使之融入专业知识点,是高校有效实施专业课课程思政的关键。本文对农业资源与环境一级学科研究生学位课"林木营养与施肥"课程思政进行了探索和实践,梳理了思政元素的融入点、方法及途径,以期实现专业教育与思政教育的统一、显性教育与隐性教育的统一。

关键词:课程思政;林木营养与施肥;思政元素;生态文明

课程思政是实现课程育人,通过课程中思想政治教育元素的挖掘和融入,潜移默化地对学生的思想意识、行为举止产生影响,让学生树立正确的观念和认识,拥有正确的专业理论知识、科学信仰和良好的行为习惯[1-2]。 课程思政注重在价值传播中凝聚知识底蕴,在知识传播中强调价值引领[3],具有间接性、微观性和叙事性特征[4],是一个兼具深厚历史底蕴、坚实理论基础和科学实践范式的"整体"。

"林木营养与施肥"是高等院校农业资源与环境一级学科下设土壤学和植物营养学硕士研究生的必修课,同时是森林培育学和草坪管理等专业研究生的选修课。 课程内容由林木营养与施肥研究前沿、基础理论、营养管理、营养诊断、施肥原理与技术5个模块组成。 通过该课程的系统学习,使学生掌握林木营养管理与诊断的基本方法、植物营养与施肥的基本原理以及平衡配套施肥技术;了解肥料的种类、性质与施用,以期寻找科学施肥技术方案,从而"产前定肥"。 传统上,教师将知识传授作为课堂教学的核心目标,忽视了课堂教学所承担的思政教育功能。 而课程思政是新时代高校思政教育理念的突破性革新,也即"课程承载思政"。 为此,笔者结合绿色生态文明建设、"两山"理念、乡村振兴和国家化肥零增长等思政元素,通过典型案例分析,培养学生独立分析和解决实际问题的能力,还将"以科技前沿引导创新热情、以时代需求激发责任感"构建全方位的隐性课程思政育人方式[5]。

一、"林木营养与施肥"课程思政建设总体思路

随着社会和经济的飞速发展,人们对木材的需求不断增加。 施肥成为营造速

作者简介:王海燕,北京市海淀区清华东路 35 号北京林业大学,教授,haiyanwang72@ aliyun. com;

　　　　李素艳,北京市海淀区清华东路 35 号北京林业大学,教授,lisuyan@ bjfu. edu. cn;

　　　　张向宁,北京市海淀区清华东路 35 号北京林业大学,硕士,zhangxiangning0829@ 163. com。

资助项目:北京林业大学课程思政教研教改专项课题"林木营养与施肥"课程思政设计（KCSZ21023）。

生丰产人工林必不可少的基础技术措施，林木营养诊断与施肥技术备受关注，成为研究的热点。"林木营养与施肥"课程的核心内容有：林木营养如何响应全球气候变化？ 林木营养诊断和营养管理的新方法有哪些？ 林木要不要施肥？ 在什么条件下进行施肥？ 施肥量如何确定？ 施肥对生态环境的影响如何？ 等等。 为此，笔者依托学位课程"林木营养与施肥"这个载体，科学设计课程思政教学体系，在传授专业知识的同时，围绕生态文明建设融入思政元素和导入典型思政案例（图1），以充分发挥课程的思政教育功能和课堂教学主渠道作用。

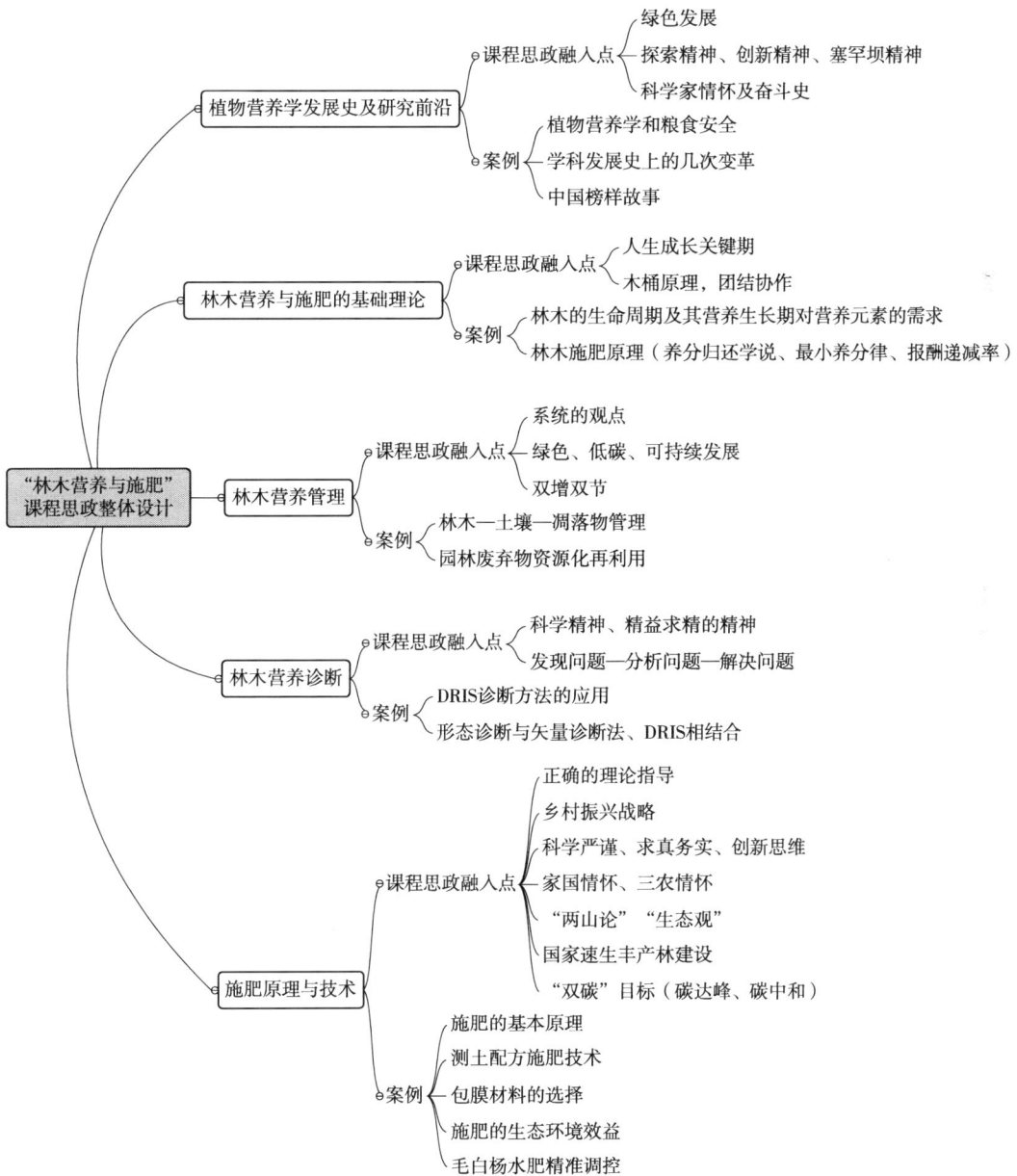

图1　"林木营养与施肥"课程内容体系及思政融入点

（一）思政元素的挖掘与融入

切入点是进行课程思政教育的前提和基础。 在"林木营养与施肥"的教学过程中，应依据课程的知识点和教学特点融入思政元素，以培养研究生正确的"三观"意识，系统进行中国特色社会主义和中国梦教育。 该课程所蕴含的思政元素有生态文明、绿色发展、"两山"理念、"双碳"目标、"双增双节"、乡村振兴战略、科学精神和榜样事迹等，分布于各教学模块。

在课程教学中，可通过加强生态文明教育引导学生树立和践行"绿水青山就是金山银山"的理念。 可从多角度融入思政元素以增加课程的知识性、人文性，提升课程的引领性、时代性和开放性。 教师在专业知识内容中加入思政元素，就有如"溶盐于汤"，既给专业知识增加了广度、深度和温度，又塑造了学生的正确价值观，两者互相促进，相辅相成。

（二）典型思政案例的收集和导入

党的十九大把"两山"理念、绿色发展理念、美丽中国建设等均纳入《中国共产党章程》。 为此，结合"林木营养与施肥"课程的专业知识点，收集和导入以下典型思政案例，培养学生自觉成为"两山"理念、绿色发展等理念的传播者和践行者。

1. 中国新型肥料与"生态优先 绿色发展"

肥料是粮食安全的重要保障。 剖析粮食从源头到餐桌到国家粮食安全的意义，融入"大家"的专业情怀，培养学生的科学素养和人文素养。 通过资料查找和翻转课堂让学生理解我国化肥零增长政策出台的背景，客观认识化肥施用的双面性，建立合理施肥的生态观。 控缓肥、园林废弃物堆肥化产品等新型肥料的施用，具有改良土壤、耕地固碳、缓解温室气体、减少面源污染的作用，是发展生态农业不可或缺的环节。 据统计，2019 年我国新型增值肥料总产量达 1000 万吨，成为世界上最大的绿色高效肥料产品[6]。 此外，通过分析文献《到 2050 年全球需要多少氮肥? 》，让学生意识到施肥的必要性以及新型肥料研发的重要性。

2. 测土配方施肥与"乡村振兴"

结合 2020 年 11 月 3 日中国政府网发布的《中共中央关于制定国民经济和社会发展第十四个五年规划和二 三五年远景目标的建议》，通过课程网络视频学习、案例分享和课堂讨论来理解测土配方施肥和乡村振兴、美丽乡村建设的战略意义。 查询和分享近期的网络报道，如安徽省安庆市岳西县中关镇"开展测土配方施肥助力乡村振兴"，湖南省怀化市新晃县"推动水稻精确施肥助力乡村振兴"，湖北省孝感市云梦县"推进测土配方实现科学施肥"，江西省德安县"推广测土配方施肥助力粮食稳产增收"等，各地确保测土配方施肥技术的覆盖率超过 90%，肥料利用率稳步提高，从而实现肥料使用负增长。 通过课堂教学，不仅要让学生们掌握测土配方施肥的方法和步骤，还要胸怀家乡，致力于美丽乡村建设。

3. 速生丰产林水肥精准调控与"绿水青山就是金山银山"

"绿水青山就是金山银山"不仅是一种理念，更要把它变成实践，成为推进我国生态文明建设的指导思想，推动人与自然和谐发展。以毛白杨为例，强调精准施肥在新时代林业可持续绿色发展中的重要性。基于毛白杨优良无性系林地土壤灌溉、施肥和密度精准调控的长期试验研究，从施肥试验设计的选择、码值方案和实施方案的确定、田间施肥试验的开展、数据收集与整理、施肥效应分析等方面，逐一分析林木施肥各个环节和关键点，培养学生独立分析和解决实际问题的能力以及严谨科学的作风。毛白杨水肥技术的精准调控，不仅提高了其生长量和产量，对缓解木材的短缺提供了技术保障；同时也是践行"双增双节"（增产节约、增收节支），实现"双碳"目标的林业可持续绿色发展的重要途径。

二、"林木营养与施肥"课程思政实施策略

"林木营养与施肥"课堂教学为32学时。为确保在有限的学时里专业知识点和课程思政知识点的教学质量，采用线上、线下混合式教学方式。对于精选的课程思政素材，教师可采用多样化的教学策略，如引经据典法、专题讨论法、多媒体授课法、案例分析法、项目驱动法和实验研究法等。表1以该课程"施肥原理与技术"模块为例，展示了相关教学内容的课程思政实施策略，以发挥优质课程思政资源在知识传授、能力培育与价值塑造之间的衔接贯通作用。

表1　"施肥原理与技术"模块思政实施策略

教学策略	教学内容	关联点	国家方针政策
观看视频	中国新型肥料	肥料种类选择	"生态优先,绿色发展"
专题讨论	施肥的生态环境效应	施肥量确定:"最大施肥量"—"经济施肥量"—"生态施肥量"的转变	"绿水青山就是金山银山":"兼顾论"—"前提论"—"转化论"的发展
案例分析	速丰林水肥精准调控、经果林水肥一体化	施肥试验设计的选择;实施方案的确定;施肥效果分析	国家速丰林建设;乡村振兴"双碳"目标;"双增双节"

课程思政应适度、适宜，并与时俱进。在教学过程中，教师可适时导入时事新闻和重大事件，如"双碳"目标、"双增双节"，让学生及时了解国家方针政策和行业策略，践行绿色低碳发展理念。以观看视频回答问题的方式，使学生了解新型肥料的发展趋势，激发学生的创新思维；在"施肥的生态环境效应"专题讨论中，将施肥量由"最大施肥量"到"经济施肥量"再到"生态施肥量"的转变，类比"两山论"的"兼顾论""前提论"到"转化论"的发展，让学生们清楚地意识到科学知识和理论一直处于动态的发展中，良好的生态环境是最公平的公共产品，是我们实现伟大复兴的中国梦的重要依托。通过速生丰产林水肥精准调控案例分

析，让学生了解施肥与植物品质、生态环境和人类健康的关系，理解经济施肥量和生态施肥量的确定依据，树立绿色发展的理念，服务于国家速生丰产林建设与美丽中国等宏伟目标。

此外，通过改革考核方式增强思政效果[7, 8]。在考核评价指标、方式和比重上，增加了自主观察调研、课外文献阅读与分享、问卷调查和微写作等，以提高学生的参与热情。如结合课程内容的五大模块，教师梳理了自 20 世纪 50 年代至今，我国的植物营养学界和肥料学界多位科学家的学科贡献和个人事迹。通过讲述这些科学家的故事，引导学生们在课后查找资料，详细了解科学家们的事迹、家国情怀及其在各自领域里做出的贡献，并在微信群里分享和讨论，根据学生的参与度和效果计入过程性考核的平时成绩；又如，在 DRIS 诊断方法的应用部分，建议学生通过溯源阅读指数诊断法的原始文献以判断函数构建的正确形式，学生的研读效果也将纳入平时成绩。通过多角度、全过程的考核方式，不仅能增强思政效果，培养学生公平守信、积极进取、勇于创新的人生态度，还渗透式培养了研究生的批判性思维、创新意识和科研能力。

三、"林木营养与施肥"课程思政的成效

课程思政建设的成效取决于教师和学生两大主体的互动参与程度[4]。人们常说的"要给学生一碗水，教师就要有一桶水"就是这个道理。作为主导者的教师，应自觉参与思政培训和学习学流，主动加深对思政价值的理解，强化情感价值导向和国家战略需求，并创新性地将思政元素有机融入课堂教学中，以发挥价值引领作用。作为教学主体和中心的学生，则应发挥其主观能动性，积极参与到开放、交互的教学氛围中，以提高思政教育的内化效果。

通过两轮"林木营养与施肥"课程思政的探索和实践发现，思政成效明显：教师高度重视加强课程思政建设的重要性与必要性，通过挖掘和融入思政元素，整理和导入 10 余例典型思政案例和素材，能更全面、生动地开展课堂讲解与组织，逐步实现专业教育与思政教育的统一、显性教育和隐性教育的统一。学生们通过课程线上和线下学习相结合的方式，不仅掌握了专业知识和技能，做到学以致用，还增强了文化自信和专业自信，培养了专业认同感和责任感：同走绿色发展之路，共筑生态文明之基，实现保护生态与经济发展双赢目标。

参考文献

[1] 逄蕾,路建龙,吴行芬,等."植物营养学"课程思政建设初探[J].教育教学论坛,2021(18)：160-163.

[2] 叶秀芳,陈东初,樊婷,等.理工科硕士研究生专业课课程思政改革的思考[J].佛山科学技术学院学报(自然科学版),2020,38(5):78-80.

[3]邱伟光.课程思政的价值意蕴与生成路径[J].思想政治教育,2017(7):10-14.

[4]李波,于水.从"碎片化"到"整体性":课程思政建设的有效路径[J].黑龙江高教研究,2021(8):140-144.

[5]吴良泉,李延."植物营养学"课程思政教育实践与探索[J].西藏科技,2021(10):64-65.

[6]张要军,夏雯雯,刘文娟."植物营养学"课程思政元素挖掘及应用探索[J].教育教学论坛,2011(23):77-80.

[7]谷仙,王乾,郑开颜,等.课程思政融入科技前沿的探索与实践:以中医药类院校土壤肥料学为例[J].安徽农学通报,2021,27(24):145-147.

[8]张保仁,崔英,姜倩倩,等."新农科"背景下土壤肥料学课程思政教育的实施途径[J].安徽农学通报,2020,26(9):150-152.

"森林经理学"课程思政元素挖掘
及教学实践探讨

沈 亲 向 玮 孟京辉 邓华锋

（北京林业大学林学院,北京 100083）

摘要: "森林经理学"课程是林学专业的核心必修课程,传统教学强调专业知识的传授而忽视了其育人功能。改革后的"森林经理学"课程教学内容具有生态文明、绿色发展、不忘初心、牢记使命、刻苦攻坚等思想内涵,思政元素丰富。因此,通过引入课程思政理念,在系统讲授"森林经理学"课程的过程中,巧妙融入天人合一,及"碳中和"背景下森林成熟的判断视角转变的典型案例等思政元素,不仅有助于提高学生课堂学习热情与效率,还有利于实现学生价值观塑造、能力培养和知识传授等"多位一体"的林学专业育人目标。

关键词: 课程思政;教学探讨;元素挖掘

一、"森林经理学"课程思政建设目标

"森林经理学"是林学专业的核心必修课程,从国家需求、专业认同、科学求真、社会责任、爱国情怀、强国使命等方面将思政元素融入本课程教学,实现价值塑造、能力培养和知识传授等"多位一体"的育人目标,完成为党育人、为国育才、立德树人的根本任务,引导学生树立健康的世界观、人生观和价值观,培养有责任、有担当、热爱祖国、甘于奉献的新时代青年林学人才。

二、"森林经理学"课程思政元素融入点

传统的授课方式先在森林资源概况的基础上,引出森林资源区划、调查等概念以及常用的方法和技术,结合森林成熟与经营周期、森林收获调整的基本理论和方法,确定经营目标,编写森林经营方案,完成资源信息的统计和管理,培养学生成

作者简介:沈 亲,北京市海淀区清华东路 35 号北京林业大学,副教授,shenqin2017@ bjfu. edu. cn;

　　　　向 玮,北京市海淀区清华东路 35 号北京林业大学,教授,wxiang@ bjfu. edu. cn;

　　　　孟京辉,北京市海淀区清华东路 35 号北京林业大学,教授,jmeng@ bjfu. edu. cn;

　　　　邓华锋,北京市海淀区清华东路 35 号北京林业大学,教授,denghuafeng@ bjfu. edu. cn。

资助项目:北京林业大学 2022 年课程思政专项"森林经理学"(BJFU2022KCSZ02)。

为森林经营管理的专业人才。 融入思政元素后的"森林经理学"课程教学内容更加丰富，增加了生态文明、绿色发展、不忘初心、牢记使命、刻苦攻坚等内涵，为专业课程开展思政教育提供了可能。 任课教师应结合"森林经理学"课程的特点，深入挖掘其中的思政元素，潜移默化地将社会责任、爱国情怀、强国使命等思政元素渗透到课程的教学大纲、教案和课堂等环节。

（一）以合理经营、天人合一的范例——哈尼梯田为切入点讲述文化传承

"求木之长者，必固其根本；欲流之远者，必浚其泉源"，博大精深的中华优秀传统文化，铸就了中华民族的精神命脉，筑牢了中华文明的根与魂。 高校教育教学平台建设，离不开高校课程建设，课程教育是实现新时代中华优秀传统文化教育的基本途径。 2017 年 2 月，中共中央、国务院印发的《关于加强和改进新形势下高校思想政治工作的意见》指出：实施中华文化传承工程，推动中华优秀传统文化融入教育教学。 2020 年 5 月，教育部印发了《高等学校课程思政建设指导纲要》，明确提出将加强中华优秀传统文化教育确定为课程思政建设内容的重点之一，要求"教育引导学生深刻理解中华优秀传统文化中讲仁爱、重民本、守诚信、崇正义、尚和合、求大同的思想精华和时代价值，教育引导学生传承中华文脉，富有中国心、饱含中国情、充满中国味"。 在"森林经理学"课程中在绪论这一章节讲述森林永续利用时，融入哈尼族梯田文化。 历经 1300 多年的哈尼族梯田文化传承是合理经营、天人合一的典型范例，创造了"森林、梯田、水系和村寨"四素共构的人与自然协调统一的农耕文明奇观。 哈尼族先民们始终心生敬畏，秉怀对大自然的感恩，在茫茫苍山中建设自己的家园，开始梯田开垦，从而实现了稻米耕种。

（二）以鹦哥岭青年团队和塞罕坝林人精神为切入点讲述榜样力量

"启事在教诲，成事在榜样。"无论是"感动中国""道德模范"中的道德典型、先进典型，还是我们身边可亲可敬的科学家榜样，他们身上都具有中华民族传统的优秀品质，他们具备社会发展与进步的时代精神，是社会巨大的精神财富。李大钊说："青年之文明，奋斗之文明也，与境遇奋斗，与时代奋斗，与经验奋斗。 故青年者，人生之王，人生之春，人生之华也。"在讲述林业的特点和属性这一节内容时，以鹦哥岭青年团队 27 名大学生为例，讲述了他们用 5 年的青春坚守，通过勤劳与智慧，谱写了鹦哥岭人与自然和谐美好的新篇章。 用实际行动诠释了当代大学生高尚的爱国情操，以及坚定执着、坚守理想、甘于贫苦、乐于奉献、脚踏实地、服务基层的精神。 同时，结合"塞罕坝"建设者及丰功伟绩，引出国家需求、专业认同、科学求真、社会责任、爱国情怀、强国使命。 最终实现林业工作者的初心："无山不绿、有水皆清、四时花香、万籁鸟鸣，替河山装成锦绣，把国土绘成丹青。"党的十九大报告提出，"青年兴则国家兴，青年强则国家

强""中华民族伟大复兴的中国梦终将在一代代青年的接力奋斗中变为现实"。 思政课不仅要坚持理论性,将"森林经理学"理论讲清讲深讲透,帮助学生深刻认识和把握"森林经理学"的发展趋势,同时作为林业人,引导学生明确自己的理想和目标;坚持实践与理论结合,鼓励学生迈向社会、踏进基层,去体悟时代给予的温度和温暖,感受家国情怀,积极做新时代的奋斗者和搏击者。 教育引导学生为实现中国梦而放飞自己的青春梦想,为立足人民利益而不懈艰苦奋斗,为书写新时代最绚丽的华章而踔厉奋发。

（三）以检查法在中国应用为例引出科学精神

"路漫漫其修远兮,吾将上下而求索。"在科学的道路上,从来都不是一帆风顺的。 敦源说:"科学不是常识,而是应用常识的本事。"科学来源于事实研究、事实对比和事实积聚。 为深入贯彻落实人才强国战略,激励广大学生发扬"献身、创新、求实、协作"的伟大科学精神,促进林业高校学生全面发展。 在讲述森林理论经营模式中,先引出林业经营的理念,如由于林业管理粗放、森林采伐不合理,针对异龄林曾推行采育择伐,而这种方法强度太大,往往结果很糟糕。 20世纪80年代,于政中等先生将检查法首次运用于我国吉林省汪清林业局金沟岭林场。 检查法试验证明,只要择伐强度合理,完全可以实现越采越好,越采越多,青山常在,永续利用的经营效果。 在择伐方式中,应该以检查法为核心,建议在集约经营的用材林、防护林、游憩林内实行。 当前在森林经营中,一部分舆论被带偏,不少人认为伐木就是破坏生态,就是有罪。 如何有效经营管理森林,实现森林永续利用,沈国舫院士提道:"伐木本无过,这是常识。"人们用抚育间伐来调节林分密度,使之适应不同年龄阶段树木生长空间的需求。 除了调控密度外,抚育间伐还有调节树种组成、上下林层关系的功能。 抚育间伐是经营森林的基本措施,而伐木是培育健康森林所必需的步骤。 因此,通过上述两个案例,引导学生思考如何辩证看待当今天然林禁止商业性采伐而忽略森林经营,鼓励学生从事林业基础科学研究,培养科学精神,为林业事业贡献自己的光和热。

（四）以生态文明建设背景下的"双碳"目标为切入点讲述文化自信

党的十九大报告指出:没有高度的文化自信,就没有中华民族的伟大复兴。我们林业学子,在倡导文化自信中,最重要的是能够做到专业自信,只有实现专业自信才能做到专业自强。 为此,我们专业教师应在本课程教学中不断地挖掘思政元素,提升学生的专业认可度和自信心,做到"知林、爱林、兴林",为生态文明建设提供新鲜血液和不竭动力[1]。 通过理论讲授和野外实践的重构,将理想信念和思想品德等教育烙印到科学知识传授和专业技能培养的方方面面,实现知识传授、能力培养、价值塑造的多元统一。 例如,在讲述第六章森林成熟时,结合林业方针政策,加深学生对时代赋予林业的使命理解,结合我国林业方针政策的转变——由最初的木材生产为主，到现在的生态文明建设为主的林业路线，探讨森林成熟各自的确定方法。在讲述森林碳储量成熟知识点时，结合国家"双碳"战略目标，重点强调森林经营在提高森林固碳和碳汇能力的重要性，探索研究有效提高森林碳储量、保持高水平碳汇潜力的森林经营措施。

三、"森林经理学"课程思政教育方法和载体途径

（一）启发式教学

针对当前我国森林质量不高、人工林质量差、天然林低质化等突出问题。展示一组来自国家林业和草原局政府网数据，该数据显示：全国森林面积中质量好的仅占19%，天然林中94%为经采伐或森林灾害后形成的次生林和过伐林，人工林每公顷蓄积量仅为天然林的一半，其中亟须抚育的近5500万hm^2。全国仅有31%的乔木林生产潜力超过50%，每公顷蓄积量不到林地生产潜力的20%的乔木林就占有43%。与国际相比，我国乔木林每公顷蓄积量仅为欧美主要林业国家平均水平的52%。以德国为例，我国东北地区的森林在立地条件、水热条件和树种结构等方面与德国不相上下，甚至在树种丰富度等方面还很有优势。然而，德国的森林面积仅为我国黑龙江省的56%，森林蓄积量却是黑龙江省的两倍有余，每公顷蓄积量和年生长量分别是黑龙江省的3.9倍和2.5倍。德国森林每年生产木材6000万m^3，实现木材自给并有出口，黑龙江省则几乎无林可采。带领学生思考我国森林经理存在的问题，怎么改进，涉及哪些方面等。然后，以天然林第一大类树木栎类为例，让学生查资料，搜集关于我国栎树经营的现状，引导学生思考，如何精准提升森林质量，实现我国木材产量和质量的双提升，降低木材进口的依存度。该启发式教学有助于学生认识我国森林质量提升的潜力和挑战，培养学生的科学情怀和创新精神。

（二）热点案例法

"科技立则民族立，科技强则国家强。"哀牢山上，一次未竟的森林调查任务，4个鲜活年轻的生命，奉献在这里。森林资源调查，充满艰辛和坎坷，对于山形陡峭，沟壑纵横，林木遮天蔽日，还时常出现冷雨大雾的原始森林无人区，如何实现高效、准确、安全的野外调查？因此，在讲解森林资源二类调查的时候，先用热点案例说明调查存在的困境，然后引出森林经理调查，也就是森林资源二类调查的概念。以往森林经理调查存在外业调查工作量大、调查手段落后、规划整体性不足、技术力量欠缺、信息分析能力不够等问题。同时，林分因子获取均采用人工实地调查方法，人迹罕至地方，野外调查难度极大。当前，利用无人机开展调查，有助于更加全面掌握森林资源动态变化情况，助力林业信息化、精细化、科学化管理。然而，对于小班中树种组成、龄组等森林结构参数还缺乏精确的算

法。 如果要获取大区域以及多气候的林分因子则需借助 3S 技术。 其中，结合卫星遥感数据辅助二类调查实现林分因子提取，主要体现在林分郁闭度、蓄积量等方面估测，而其他主要林分因子如林分优势树种、林分年龄等的提取算法研究相对较少，且误差比较大[2]。

因此，通过森林经理调查让学生认识到先进的调查技术在林业应用中的短缺，同时，结合最高树调查案例，以郭庆华团队在激光雷达方面的成就，比如他们团队如何实现突破国外长期在硬件和软件方面的垄断，自主创立数字绿土，旨在为解决激光雷达在行业应用中的痛处提供一个完整的解决方案。 鼓励学生做科学研究，以探究真理、发现新知为使命。"善学者尽其理，善行者究其难。"正如习近平总书记在 2021 年院士大会上对院士的期望，我们广大学子们也一样，要勇攀科学高峰，敢为人先，追求卓越，努力探索科学前沿，发现和解决新的科学问题。 通过名人事迹培养学生崇尚科学精神、传承科学文化、弘扬科学家精神、努力向学、勇攀高峰，争做新时代科学技术的创造者。 通过学生的科学情怀和创新精神，兑现森林可持续经营，实现数字林业、精准林业和智慧林业，激励林业学子继续在林海奋力拼搏，助力生态文明建设，完成中华民族的伟大复兴。

（三）翻转课堂

以命题式结合自主选择讲述一段不一样的森林经理故事，选题包括但不仅限于"为森林经理正名""森林经理新技术""森林经理在'双碳'目标中的地位"等，以分组的形式，让每组学生自主选题，通过两个星期的资料查询、PPT 制作，实现课堂分享。 翻转课堂能有效改善填鸭式教学的不足，在教学中，将学生的角色对调，将被动学习转换为主动求知，充分激发学生学习的主动性和积极性，发挥学生独立思考和自主学习的能力。

因此，通过课堂讨论、案例教学，实现渗透式、陶冶式和实践体验教育方法。同时，通过 PPT 演示、课程微信群、微信公众号、线上慕课和虚拟仿真实验教学平台等，对学生进行潜移默化的思想意识引导，激励学生自觉把个人理想追求融入国家和民族事业发展之中，实现课程思政基本目标。

"教师是立教之本、兴教之源。"高等农林院校的教师，始终应明确自己的社会责任，立足当前行业发展，为区域经济增长贡献绵薄之力。 教师"知林、爱林"的思想意识，对学生影响至关重要。 试想"引路人"都缺乏潜心于"林"的爱林情怀，如何期望培养出来的学生扎根于"林"，甘愿为农林事业去奉献他们的青春和热血？ 又如何实现农林事业的蓬勃发展？"森林经理学"课程思政元素的挖掘更需要多角度、多维度思考。 因此，在发挥林业传统教育优势上，围绕生态文明建设等国家战略，以"传承林学精神，培育林人情怀"为基本主线，进一步挖掘专业课程中与生俱来的思政要素和育人功能，形成了一套具有鲜明林业专业特色的课程育人模式[3]。 在思政要素挖掘中，"森林经理学"课程教师应始终坚持社会主义核心价值观，将广大学生的德育教育作为我们的时代使命和神圣职责。

参考文献

[1]徐斌，郑宏兵，吕黄飞."木材学"课程思政元素的挖掘与应用[J].中国林业教育，2020，38(6)：17-20.

[2]刘恒.基于多源数据的森林资源二类调查蓄积量估测研究[D].西安:西安科技大学，2019.

[3]石彦君，李扬.五分钟林思考:林业院校课程思政改革的探索与实践[J].中国农业教育，2020，21(4)：25-28.

课程思政在"林学概论 A"教学中的引入与应用

孟繁丽

（北京林业大学林学院，北京　100083）

摘要：课程思政突破了传统的教学方式，搭建了全新的教育载体，为高校教育发展和改革提供了新方向。"林学概论 A"是高等学校农林院校非林学专业的一门重要专业基础课程，具有多学科交叉、内容多样、实践性强等特点，而森林健康经营与保护是本课程中的重要讲述章节，如何将课程思政科学合理地引入到其中也成为了课程改革的重点。本文以我国重要的林木病虫害——松材线虫病、美国白蛾为例，结合国家政策和防控需求，解析森林有害生物监测和防控中的思政意识，培养学生的责任感和使命感，进而探讨课程思政在高等教育中的应用，实现知识传授和价值引领的双向融合，为培养具有创新能力和德育精神的科技人才奠定基础。

关键词：课程思政；林学概论 A；森林健康经营与保护；林木病虫害

一、引言

在"立德树人"的教育新格局下，实施课程思政已成为大学教学改革的新方向。课程思政是以课程教育为依托，合力构建师生全员参与模式，贯穿教学全过程，将思想政治理论与各类学科课程有机融合的协同教学。高校作为人才成长的摇篮，需要通过思想政治教育体系建设，不断优化高校思想政治教育体系，把握人才培养方向，不断提高人才培养的思想道德和政治觉悟，以应对新的问题和挑战[1]。因此，随着社会的进步和时代的发展，课程思政的引入和应用在传统的高校教育发展和改革中具有重要的意义。

"林学概论 A"是高等学校农林院校非林学专业的一门重要专业基础课程，主要讲授林学的基本原理和技术环节，包括认识森林、培育森林、经营森林、保护森林和合理利用森林资源等基本内容。林业生产过程中，林木经常受到各种有害生物和不利环境条件的威胁和影响，使林业生产遭受重大生态、经济和社会损失。

作者简介：孟繁丽，北京市海淀区清华东路 35 号北京林业大学，讲师，mengfanli@bjfu.edu.cn。

资助项目：北京林业大学课程思政教研教改专项课题"林学概论 A"（2021KCSZXY001）。

"林学概论 A"中"森林健康经营与保护"部分主要讲述森林有害生物（即通常所称的森林病害、虫害、鼠兔害和有害植物）的发生与流行规律，探索预防和除治的基本理论与控制技术等内容。 通过教师讲解和学生自学相结合，注重培养学生综合运用所学知识分析和解决问题的能力以及创新精神，有助于学生明确森林资源保护与利用的关系，正确认识森林有害生物在森林生态系统中的地位，为以后保障林业生产和生态环境建设的顺利进行打下基础。 同时，可以让学生充分认识和理解森林景观和森林健康间的关系，学习和巩固理论课上所学的知识，培养学生在生产实践中发现问题、研究问题、解决问题的能力，增强学生对林业工作的认知。

林木病虫害是在一定的生态环境下发生的。 不同生态环境下的森林病虫害种类、分布、发生状况有所不同。 通过"林学概论 A"，可以了解环境因素对病虫害发生的影响，加深对森林病虫害现象的理解，从而为改善生态环境、控制森林病虫害提供理论依据。 如何将课程思政科学合理地引入"林学概论 A"的教学实践中，笔者对此进行了相关的实践探索。 本文以我国重要的林木病虫害——松材线虫病、美国白蛾为例，讨论课程思政在高等教育中的应用，结合森林有害生物监测和防控重要性的思政育人功能，通过林木病虫害的专业知识点讲解，使学生认识到林业科学防控有害生物的重要性，实现知识引领和价值导向的双向融合，达到教书育人的最终目的。

二、"林学概论 A"教学中课程思政体现情况

"林学概论 A"的授课对象为本校非林学专业大一新生，每学期累计授课人数1000 余人。 对于刚进入大学的新生，学生们的专业和基础知识还相对薄弱，在具体教学环节中依然存在一些问题，且在思想政治教育方面也体现得较少。

由于课程思政需要有机融合在教学之中，为避免形式化，对于选取什么德育内容，用什么教学方式融入，没有明确的标准。 因此，思想政治教育很少体现在教学过程中。 为适应新的教学需要，授课教师需树立"课程思政"的教学理念，明确思政教育与课程教学之间的关系，提升自身的教学水平和课程思政意识。

因此，针对"林学概论 A"的课程特点、授课对象的特殊性以及林业院校的培养要求，对课程中的教学内容及方法进行改革探索，融入思想政治理论，发挥协同育人的效应，为培养高素质的学术型、复合型和应用型的多元化人才提出对策和方案显得尤为重要。

三、"林学概论 A"教学过程中思政元素的融入

我国是世界上林业生物灾害最严重的国家。 伴随全球一体化进程的加速，生物入侵已成为威胁全球生态安全与生物安全的重大问题。 习近平生态文明思想是

习近平新时代中国特色社会主义思想的重要组成部分,"绿水青山就是金山银山"是习近平生态文明思想著名的科学论断。 习近平总书记在中共中央政治局第三十三次集体学习时强调,加强国家生物安全风险防控和治理体系建设,提高国家生物安全治理能力。 据统计,我国林业生物灾害年发生面积已突破 1.8 亿亩,占受自然灾害林木总面积的一半,是森林火灾面积的数十倍,年致死树木 4000 多万株,年均造成损失超过 1100 亿元。 因此,对于非林学专业大一新生而言,"林学概论A"作为一门专业基础课,教学过程中引入课程思政元素也就显得尤为重要。

针对目前"林学概论A"教学过程中思政元素体现较少的现状,本节中笔者以我国重要的林木病虫害——松材线虫病、美国白蛾为切入点,结合森林有害生物监测和防控重要性的思政育人功能,挖掘与教学相关的思政资源,在教学过程中引入思政元素,从而实现"知识传授"和"价值引领"的有机统一。

（一）松材线虫病

松材线虫病又称松树萎蔫病,是由松材线虫侵染引发的一种毁灭性松林病害。感染松材线虫的松树树脂分泌逐渐减少,针叶先是褪色和黄化,进而枯萎变成红褐色,最终全株死亡。 松树在感染松材线虫后发病迅速,30~90 天即可导致松树完全枯死,致死率极高,3~5 年即可造成大面积林分死亡。 因松材线虫致死的松树针叶不会脱落,大面积死亡的松林呈现出一片红褐色,如同正在肆虐的火灾持续蔓延,被称为"无烟的森林火灾"。 由于松材线虫病的潜伏侵染特性,疫木砍伐措施是相对滞后的防治手段,难以做到对病原的彻底清除。 自 1982 年在南京首次发现后,松材线虫病疫情就在国内快速传播,目前松材线虫病疫情已扩散到全国 19 个省（自治区、直辖市）,700 多个县级行政区,发生面积超过 2700 万亩,累计造成超过 9000 万株松树死亡,年均直接经济损失数十亿元[2]。 我国有松树林木资源 9 亿多亩,约占森林面积的 1/5。 松树是荒山造林先锋树种,也是长江、珠江、淮河流域防护林体系等生态屏障的主体。 松树感染松材线虫病枯死后,在立地条件较差的区域,林分难以更新,并可由此引发水土流失、山洪暴发、泥石流等一系列生态灾难。 此外,松树是我国许多风景名胜区自然景观的重要组成部分,如列入世界自然与文化遗产保护名录的黄山迎客松,三峡库区、张家界风景区、庐山核心景区的松林等。 如果不能有效遏制松材线虫病扩散蔓延势头,将对我国的森林生态安全和自然文化遗产产生毁灭性破坏[3]。

长期以来,党中央、国务院高度重视松材线虫病防控工作。 特别是 2021 年,中央领导同志多次就防控工作作出重要指示批示,国务院办公厅和国家林业和草原局多次下发文件,强调加强松材线虫病防治工作,保护我国松林资源和国土生态安全。 针对松材线虫病疫情的严峻态势,我国各地积极采取有力措施开展疫情防治,取得了一定成效。

目前松材线虫病的防控措施主要包括疫情监测、疫木处理、化学与生物防治以及抗病品种选育等。疫情监测以地面普查为基础，加强大区域灾害航空航天遥感监测技术运用，构建一体化监测平台；疫木主要采用熏蒸、粉碎和烧毁的办法处理，同时对伐桩进行药物处理；药剂防治包括媒介昆虫药剂防治、松材线虫药剂防治、寄主抗性药剂诱导；抗病品种选育主要包括选择抗病性强的品系进行育种，通过弱毒性的线虫或药物诱导寄主对松材线虫产生抗性，获得抵抗松材线虫的能力。面对严峻的防控形势和现状，亟待开发松材线虫病检测、检测及高效安全的绿色新型防控技术和产品。因此，从松材线虫病防控的角度，引入课程思政元素，可使学生在实践过程中有参与感，且大多数同学的家乡位于松材线虫病疫区，防控知识点的引入可增加学生的学习兴趣，从而更好地投入到教学环节，让学生做到学以致用。

（二）美国白蛾

美国白蛾又名秋幕毛虫、网幕毛虫，是一种分布范围广、寄主种类多的世界性检疫害虫，也是我国重大外来林业有害生物，被国家林业和草原局列为重点防控对象。该虫原产于北美，20 世纪 40 年代传入欧洲和亚洲，在欧洲大陆已扩散到大部分国家。1979 在我国辽宁丹东发现后，迅速扩散蔓延。该虫以 2~3 龄期幼虫群集寄主叶上取食寄主的叶肉组织，受害叶片仅留叶脉呈白膜状而枯黄；随着虫龄的增长，不断吐丝将被害叶片集结成"网幕"；老龄幼虫食叶呈缺刻和孔洞，严重者将整株叶片取食完；导致被害木树势衰弱，削弱了树木的抗寒、抗逆能力，易遭其他病虫害的侵袭，连续受害可导致被害树死亡，不仅直接破坏城镇环境绿化和美化，还会给林业生产造成经济损失，严重影响当地的经济、生态和人文景观。除此之外，美国白蛾又是经济作物的重要害虫之一，不仅危害各种果树，而且危害各类农作物，如不实施科学防治，使美国白蛾得到可持续的控制，势必降低经济效益，挫伤群众的积极性，严重影响我国经济作物及副产品的发展[4]。

为落实习近平总书记关于加强生物安全管理，防治外来物种侵害的重要批示精神，国家林业和草原局等九部门发布加强美国白蛾防控的通知，避免美国白蛾暴发成灾、造成扰民，确保国土绿化和生态安全。强化部门协作，坚持"属地负责、政府主导，区域联动、部门协同，社会参与、群防群治"原则，在地方政府统一部署下，各部门按照职责分工做好防控工作，建立统一规划部署、统一作业时间、统一技术标准、统一检查验收的协同联动机制，统筹推进相关工作，形成群防、群控工作格局。

根据美国白蛾发生情况和特点，我国实行"主防第一代，查防二、三代"的防控策略，突出幼虫网幕期精准防治，全面做好第一代防控工作；密切关注第二代、第三代发生情况，强化查防一体和应急处置，严防暴发成灾和扰民现象发生。加强疫情监测，开展网格化检查，及时全面掌握疫情。 依法加强检疫监管，加强检疫截获，防止疫情蔓延。 推进绿色防治，合理选择防治药剂，确保用药安全高效。 同时，加强基层防控能力建设，健全防控工作机制，最终实现美国白蛾可防可控。 课程教学中教师可结合北京市美国白蛾的发生特点及防控措施，通过北京市周边现象引出外来入侵有害生物对当地生态环境和经济带来的影响，加深非林学专业学生对生态环境保护的意识，深入体会"知山知水、树木树人"的校训内涵。

四、"林学概论 A"课程思政教育设计

根据上述思政元素融入点，笔者进行了"林学概论 A"教学的课程设计。 首先教师通过介绍近年来松材线虫病和美国白蛾等森林有害生物的扩张与危害，让学生认识到林业有害生物对森林健康造成的威胁，利用"森林有害生物就在我们身边"贯穿整个教学过程，提高学生的参与度和积极性。 此外，松材线虫和美国白蛾作为外来入侵种，也是检疫性有害生物，重点强调不能随意携带，防止由于人类活动导致的病虫害蔓延，威胁非疫区的森林生态健康。 其次，教师讲述国家对林业有害生物的重视程度，结合松材线虫病和美国白蛾防治方针的制定，加深对"以习近平生态文明思想为指导建设美丽中国"科学论断的理解，做到"知识传授"与"价值引领"的有效结合，实现润物无声般"立德树人"。 最后，教师通过讲解松材线虫病和美国白蛾等森林有害生物的防控措施，由浅及深，让学生积极思考并提出林木病虫害防控的关键点，从"绿水青山就是金山银山"和"美丽中国"的战略高度，提升深化"课程思政"建设的境界和情怀。

综上所述，在本文中笔者以我国重大的森林病虫害——松材线虫病、美国白蛾为例，探讨课程思政在"林学概论 A"教学中的引入和应用。 通过培养学生个性化的自主创新和实践探究能力，以及在生产实践中发现问题、研究问题、解决问题的能力，增强学生对林业工作的认知，从专业角度引导学生发现林业生产中的实际问题并加以研究；构建了以学生为主体，以教师为主导，以传授知识为中心，以解决问题为目的，以创新实践为特点的课堂。 同时，结合专业特色和最新科研成果，构建层次分明、相互衔接、科学系统的新型教学体系，整合优化课程体系和内容，改进教学方法，从根本上提高教育教学质量，为培养具有创新精神和实践能力的创新型科技人才奠定基础。 此外，将课程思政引入"林学概论 A"教学中，能够真正激发学生热爱自己的专业，明确学习目标，激发学习积极性，营造良好学风，充分发挥课程思政育人功能，让学生学会思考，培养学生的责任感和使命感；通过典型事例（松材线虫病、美国白蛾等）的讲解以及与学生的互动，以国家政策、生产需求、思想引领等思政教学模式，解析林木病虫害与森林健康及生态安全的关

系，能够显著增强授课内容的针对性，提高学生的主动性，实践教学效果明显提升，也为今后其他课程教学模式改革提供了重要参考。

参考文献

[1]贾黎明."5 分钟林思考"之思考[J]. 北京教育(高教)，2021(10)：61-63.

[2]理永霞，张星耀. 松材线虫入侵扩张趋势分析[J]. 中国森林病虫，2018, 37(5)：1-4.

[3]理永霞，张星耀. 我国中温带面临的松材线虫入侵扩张高风险[J]. 温带林业研究，2018, 1(1)：3-6.

[4]邱立新，卢修亮，林晓，等. 我国美国白蛾防控历程与新时期策略探讨[J]. 中国森林病虫，2022,41(6)：1-7.

基于通识必修课"林学概论"的课程思政探究

敖 妍 彭祚登 贾黎明

（北京林业大学林学院，北京 100083）

摘要："林学概论"是非林学专业学生学习和了解林学基本知识的通识性课程，是一门包含植物学、树木学、生态学、气象学、土壤学、森林培育学、森林经营管理学、森林保护利用学等多学科在内的交叉融合的特色性课程。课程内容中蕴含丰富的生态文明、家国情怀、使命担当等教育资源，具备通识课程思政建设的独特价值与优势。本文从该课程思政育人目标、思政特征、思政措施、教学方式和教学成效等方面对课程思政模式进行探讨，以期为高校通识必修课课程思政建设提供建议，推动大学生思政教育改革发展。

关键词：通识必修课；林学概论；课程思政；教学方式

一、"林学概论"课程介绍

"林学概论"是高等农林院校非林学专业学生了解林学知识的重要基础课程。该课程系统梳理凝练林学专业核心课程内容，加强专业教育和通识教育融合，使学生了解、掌握为林业生产服务的基本理论和应用技术，并能初步应用专业知识解决林业生产中的问题，为所学专业与林学交叉融合提供理论基础[1, 2]。北京林业大学始终高度重视本科教学工作，新修订的本科人才培养方案将"林学概论"从专业必修课提升为全校非林学专业通识必修课，授课对象覆盖全体本科生。2018年印发了《深化本科教育教学改革总体方案》，全面部署本科教育教学改革工作，将"林学概论"作为林业行业院校最具特色的精品课程建设。

二、"林学概论"课程思政育人目标

2020年，教育部印发了《高等学校课程思政建设指导纲要》，标志着课程思政进入新阶段。习近平总书记始终强调："要坚持把立德树人作为中心环节，把思想

作者简介：敖 妍，北京市海淀区清华东路35号北京林业大学，教授，aoyan316@163.com；
彭祚登，北京市海淀区清华东路35号北京林业大学，教授，zuodeng@sina.com；
贾黎明，北京市海淀区清华东路35号北京林业大学，教授，jlm@bjfu.edu.cn。

政治工作贯穿教育教学全过程，实现全程育人、全方位育人，要用好课程这个主渠道。"如何深入挖掘专业课程中的思政元素，促进思想政治教育和专业教育有机结合，实现各类课程与思想政治理论课程同向而行，形成协同育人效应，是摆在高等院校教师面前的重要课题[3,4]。

"林学概论"课程思政育人目标包括：①树立"思政元素贯穿全程，道德素养、专业知识、实践能力、创新精神并重"的课程思政建设理念；②构建"两同步"课程思政改革新模式，同步增强教师思想政治素质和学生道德品质修养，同步提高教师教学育人能力和专业人才培养质量；③打造"研究型、循环式"课程育人质量持续提升的闭环系统，遵循既有知识体系，找准德育元素有机融合点，梳理课程所蕴含的思想政治教育元素和所承载的思想政治教育功能，贯穿课堂教学各环节。通过以上措施，使学生通过课程学习，树立林学情怀，强化使命担当，牢记"替山河装成锦绣，把国土绘成丹青"的初心，拥有国际视野，掌握"适地适树、良种良法"的森林培育理论与技术精髓，具备创新思维和实践能力，不断投身"绿水青山就是金山银山"伟大实践，努力把精彩论文写在大地上，为"美丽中国"建设作出贡献。

三、"林学概论"课程思政特征

（一）师资队伍特点

"林学概论"课程教学团队包括林学院森林培育、森林保护、森林经理、生态学等学科的一线骨干教师，课程师资非常强大。教授、副教授、讲师比例适当，人员梯队包括老、中、青三代教师，年龄结构合理。所有授课教师均为博士生或硕士生导师，均拥有博士学位和出国留学经历，在各自的研究领域有着较高的学术素养和明确的研究特色，长期活跃于教学科研第一线。授课教师多为党支部的书记、副书记或委员。而且，教师团队在课程思政方面均有很好的研究和实践基础，很多教师主持过课程思政教研教改项目。将思政建设贯穿课程教学的全过程，将学生人格教育和正确价值观培养作为该课程思想政治教育的基础。抓牢课程教学"主战场"、必修课课堂"主渠道"，培养"德才兼备"的高素质人才。

（二）课程内容及特点

"林学概论"历来是高等农林院校非林学专业的一门重要专业基础课，是包含植物学、树木学、生态学、气象学、土壤学、森林培育学、森林经营管理学、森林保护利用学等多学科在内的交叉融合的特色性课程，集合了多学科的研究方法与知识体系，具备高度融通性的基础特点。从认识森林、培育森林、经营森林、保护森林和合理利用森林资源为主线，具体内容包括：森林的内涵、森林植物、森林生态、森林与环境作用、森林计测与效益评价的基本知识；林木遗传改良、良种生产与经营、苗木培育的基本理论与技术；人工林栽培、农林复合经营、封山育林与低效林改造、城市森林营造的理论与技术；森林抚育与主伐更新、森林健康经营与保护的基本方法；森林资源管理、森林资源综合利用的基本知识。

课程内容由浅入深、知识结构系统完整，专业性强，且形象生动、浅显易懂，非常适合非林学专业学生系统了解林学基础理论知识，并帮助其正确运用有关技术知识分析和解决林业生产中一些实际问题。此外，林学中蕴含"人与自然和谐共生、可持续发展、绿水青山就是金山银山"等丰富的生态文明教育资源，能够激发学生热爱自然、保护环境的生态意识，建立关爱生命、关爱人类共同家园的道德责任意识，树立家国情怀，肩负使命担当，学习榜样事迹，了解方针政策，铸就道德品质，具备通识课程思政建设的独特价值。因此，该课程具有不可替代的特色与优势。

四、"林学概论"课程思政措施

围绕林业发展和人才培养需求变革以及课程思政必要性，针对如何实现专业课程与思政教育有机融合的关键问题，通过课程中涉及有关生态学、植物学、林木育种学、森林培育学、森林经理学、森林保护学等共性关键技术和核心内容的概要性讲授，挖掘林业建设和林学课程思政要素所承载的育人功能。聚焦国家生态建设需求，引领学生树立环境意识、构建林学思维、培育生态素养，促进学生深入思考林学与所学专业的融合及服务社会的责任，将个人发展与国家需求紧密结合。秉承回归课程育人本源，践行育人理念和价值的培育与输出，推进课程思政改革，具体措施如下：

（一）凝练经典案例，培养林学情怀

以"绿色使命"为主线，引导学生了解林业发展历程、思考林学规律，深入挖掘课程的德育元素。采用林业榜样培养林学情怀和林人品格，实现专业学习和思政教育有机融合。挖掘祖国各地60余年育林的成就，建立河北塞罕坝等林业典范案例库，拍摄制作沈国舫、李保国等"林人榜样视频库"。启发学生感悟"绿水青山就是金山银山"理念所蕴含的哲学内涵，提高尊重自然、崇尚自然、绿色发展的觉悟，树立正确的生态文明价值观，增强投身生态文明建设的责任感和使命感。

（二）聚焦国家需求，引领使命担当

将生态文明建设思想、"两山论"理念、黄河流域生态保护与高质量发展、脱贫攻坚、乡村振兴等国家战略挹要引入课程，构建创新理论库，采用创新理论"林思考"课堂教学模式促进学生深入思考所学专业承担的社会责任，将发展目标与国家需求紧密结合。通过展现我国森林资源丰富的类型和多彩的魅力，培养学生对祖国和家乡的深厚感情，鼓励学生将个人理想与投身"美丽中国"建设结合起来。

通过祖国和家乡森林覆盖率的变化，向学生传递人与自然和谐发展的理念、规律，让学生熟悉国家生态文明建设的最新部署，感受国家在生态文明建设上所做的贡献和取得的成就。 通过参加北京林业大学针对内蒙古科右前旗的定点扶贫，让学生亲身到田间地头指导树木栽培技术，向农民推广集约化经营管理理念，开办农林种植科普讲座，为农民撰写技术指导手册，通过微信群实时为林果的田间管理提供服务，真正把精彩论文写在祖国大地上。 在此过程中使学生认识到所学知识的价值，了解国情民情，锻炼意志品质，培养家国情怀。

（三）依托实习科研，弘扬科学精神

依托科技扶贫、林学教学实习和科研实践等接触社会的机会，采取实践引领社会育人的方法。 实践教学是对理论知识的巩固和应用、实习是在理论知识的指导下进行的。 通过野外实践，引导学生了解林业及其发展历程，认识森林，思考林学规律，让学生真正踏入林学领域。 优化实践课程组织方式，强化独立分析和解决问题能力、动手能力的培养，完善实践教学的考核方式，激发学生的学习兴趣，在提升专业教学效果的同时，引导学生践行生态文明建设，实现思政元素入脑入心。

（四）更新前沿案例，紧跟林学发展

引入重庆涪陵区大型苗圃建成后为整个长江三峡库区的苗圃建设提供了良好示范的案例，讲解林木竞争、气候变化对树木生长的影响，林分空间结构对林分生长的影响，中国森林植被碳储量动态变化等。 让学生体会到林业科学是在不断发展的、林业科学的发展是与社会发展的步伐一致的，这也增强了学生对林业的认同感，让学生认识到林业在社会发展中、在国民经济中、在生态文明建设中的重要地位。

（五）宣传生态文明，树立行业自信

在课程基础教学内容中融入学科研究新进展、生产实践新技术、社会发展新需求，不断优化教学内容，让课堂教学与实际生产要求和国家政策导向相一致，让学生感受到林业的发展是促进社会发展不可或缺的力量。 以"受各地人文、立地、气候差异影响形成的森林特点与差异"问题为导向，以"魅力森林，美丽家乡"为主题，让学生通过生活实例、资源分析，展示家乡的森林景观，概括其特点及发生的变化，对比各地森林的差异，从而描述和区分林分调查因子。 解读国际和国内应对气候变化、实现"碳达峰""碳中和"等方面的政策，介绍森林生物量、森林碳储量、森林生产力估算等方面的前沿研究，介绍我国森林碳储量的存量及动态变化，分析我国森林碳汇潜力，以及森林经营管理对提升森林固碳释氧功能的积极作用，指出林业将在"碳中和"实现过程中扮演重要角色，从而培养学生对我国生态文明建设的信心，加强学生对林业行业在生态文明建设中具有重要地位的认识，增强学生的行业自信。

五、"林学概论"课程思政教学方式

坚持全程育人理念，将思想政治教育有机融入林学通识课，实现知识传授、能力培养、价值塑造的多元统一。 采取强化基础提升后续能力、科研案例反哺理论教学、榜样案例引导技术教学等培养措施，提高专业课程育人的实效性。 明确课程目标，梳理课程内容，优化课程结构，完善教学大纲。 授课过程中，坚持目标导向与问题导向相结合。 融入学科研究新进展、生产实践新技术、社会发展新需求，探索翻转式教学，建立专业知识与思政元素深度融合的教学模式，把课程思政工作的开展做到潜移默化、润物无声。 在推广启发式、讨论式、案例式、探究式教学方法的基础上，以内涵式发展理念规划网络教学平台，实施"互联网+"背景下的教学方法改革，通过制作在线开放课程、编写规划教材等，持续优化课堂组织方式。 学生能对专业相关问题感兴趣，主动结合所学知识深入分析并解决实际问题。 通过引入专家讲座介绍前沿热点，设置研究专题培养学生的创新意识，强化学生的实践能力，激发学生的学习兴趣，形成多模式教学方式。 课程使用由团队教师主编、中国林业出版社 2021 年出版的国家林业和草原局"十三五"规划教材《林学概论》。 该教材以成熟的技术知识介绍为主，注重技术的可操作性和实践性。

考核方式突出过程考核，降低原有期末考试的卷面分比例，完善"选题、实施、汇报"的考核方式，提高课堂参与率以及课堂展示环节的成绩占比。 学生的思想政治教育会细致地体现在课堂的参与过程之中，提高课堂成绩占比会更引起学生的重视，从而优化课堂思政教学改革的效果。 把学生的感受放在重要的位置，让学生有切实的参与感，提升学生的专业自豪感和社会责任感。

六、"林学概论"课程教学成效

通过课程建设，将新技术、新方法引入课堂，让学生将课程与热门技术联系起来，激发学生对课程的兴趣及对授课教师的认同感，也让学生认识到林业是站在社会发展前沿的。 鼓励学生传承林人精神、培养林学情怀、锤炼林业本领、勇担绿色使命，切实发挥课程教学的育人主渠道作用，形成专业课程与思政课程协同育人效应，实现课程思政与思政课程同向同行。 通过专业课程与思政教育有机结合，促进教学理念不断更新、教学内容不断完善、教学方法不断创新、教学组织不断优化、教学资源不断丰富，教学效果和育人质量明显改善，学生的综合素质和专业学习取得长足进步。 激励学生把个人理想追求融入国家和民族事业中，使学生成长为心系社会并有时代担当的林业人才[6]。

参考文献

[1]彭祚登.融汇科研兴趣培养的"林学概论"教学法研究[M]//黄国华.探索·构建·创新:北京林业大学教育教学改革优秀论文选编,北京:中国林业出版社,2017.

[2]彭祚登.基于通识必修课教学的"林学概论"教材编写与教学法探究[M]//黄国华.专注教育研究,建设一流本科:北京林业大学教育教学研究优秀论文选编,北京:中国林业出版社,2018.

[3]张世兔,孙小刚,李青清.立德树人视域下高校专业课教师课程思政能力提升路径与保障机制[J].湖南工程学院学报(社会科学版),2022,32(2):76-80.

[4]杨波,苏波.大思政背景下高校课程思政建设刍议[J].学校党建与思想教育,2022(12):46-48.

[5]马履一,彭祚登.林学概论[M].北京:中国林业出版社,2020.

[6]黄华国,陈玲,漆建波."五分钟林思考"研究生课程教学模式[J].北京教育(德育),2022(3):53-56.

少数民族预科"林学概论"课程教学的改革与探索

熊典广

（北京林业大学林学院，北京　100083）

摘要："林学概论"是北京林业大学针对少数民族预科班学生开设的必修课，旨在帮助非林学专业学生掌握林学常识性基础知识，课程内容涉及林学基础知识、森林培育、森林保护、森林经营管理及合理利用等部分，具有较强的专业性。结合学生的特点及"林学概论"课程教学目标，经过4年的教学实践，从教学模式、教学内容以及考核体系等方面进行优化改革，通过引入课前"5分钟"林思考、问答式的教学模式、"角色互换"的开放课、强化思想政治引领和主线思维引导等形式，构建了课前、课上和课下相结合的学习模式，帮助学生更好地掌握该课程内容，以期达到提高教学质量及提升学生综合素质的目的。

关键词：林学概论；少数民族预科班；教学改革；教学质量

林学是研究与林业生产有关理论与技术的科学，是一门研究如何认识森林、培育森林、管理森林、保护森林和利用森林的应用学科。林业作为生态文明建设的主体，也关系着国民经济的发展[1]。北京林业大学作为全国林业院校的高等学府，在国家提出生态文明建设大的战略背景下，于2018年起开始面向所有非林学专业的本科新生开设"林学概论"课程，旨在帮助我校非林学专业学生掌握林学方面的常识性基础知识。"林学概论"是一门综合性很强的课程，是对林学这门学科综合的、概括的论述。课程的内容包括林学基础、森林培育、森林保护、森林经营管理和合理利用等方面，课程知识点众多，且涉及与生物学、环境科学和植物学等学科内容的交叉。"林学概论"课程的教学主要由林学院教师承担，该课程类型包括两类：①针对普通大一新生的"林学概论A"，共32学时；②针对少数民族预科班新生的"林学概论"，共24学时。笔者根据4年的"林学概论A"和"林学概论"教学经验，针对少数民族预科班"林学概论"课程的特点及存在的问题，提出从该课程的教学内容、教学模式以及考核体系等方面进行改革探索，以帮助学生更好地学习和掌握林学相关知识，并引导学生学习前辈们艰苦奋斗的历程及"林人

作者简介：熊典广，北京市海淀区清华东路35号北京林业大学，副教授，xiongdianguang@126.com。

资助项目：北京林业大学2021年课程思政教研教改专项课题（2021KCSZZC004）。

精神",从而激发学生努力学习的斗志,帮助学生树立热爱林业、爱护环境的意识,让学生争做"爱林、护林、兴林"的新时代林业人[2]。 同时,通过该课程的改革,以期达到提高教学质量、提升学生综合素质的目的。

一、少数民族预科班"林学概论"课程的特点

我校每年招收 1 个班的少数民族预科生,人数在 25~30 人,在预科录取时不确定专业,预科 1 年结业后,由我校根据社会发展需要及学生德、智、体情况,结合学生预科培养期间的成绩及报考志愿,在一定专业范围内确定其专业。 预科 1 年期间主要学习的课程包括:"大学语文""高等数学""大学英语""大学物理""民族理论及民族政策""中国通史"等通识教育课程,而"林学概论"也被安排在了预科学习的第一学期,应该是少数民族预科学生接触到的第一门林学相关的专业基础课,对于学生林学知识的启蒙具有重要的意义,对于学生后续专业的选择也具有一定的引导意义。"林学概论"课程内容涵盖了森林培育、森林保护和森林经理等重点内容,但学生对这部分内容基本未学习过或了解得很少,学生的知识基础相对薄弱。

二、少数民族预科班"林学概论"课程的现状

(一)学生的基础知识背景差异较大

为了发展民族高等教育,培养少数民族高级专业人才,加快中西部地区经济和社会发展步伐,我校面向部分省(市、区)招收少数民族预科生,包括:内蒙古、广西、湖南、贵州、甘肃、宁夏、青海等地。 笔者通过 4 年的"林学概论"授课发现,来自不同省份的少数民族预科学生在背景知识方面差异明显。 有的地区高中生物、地理等课程的讲解较为深入,已经涵盖了部分"林学概论"的基础知识内容,而有的地区并未涉及。 因此,在授课的过程中需要顾及所有同学。

(二)概述性内容为主,学生学习积极性不高

本课程共安排了 24 学时,涉及了林学基础知识、森林培育、森林保护、森林经营管理和森林资源的合理利用等内容,这些内容多以概述性知识为主,需要学生花时间记忆,而推导式或推理式的内容基本没有,因此学生课堂的听课积极性不高,多寄希望于期末考试前的突击复习。 另外,授课多以教师"一言堂"式的模式为主,课堂讨论时间相对较少,学生课堂气氛不够活跃,课上容易走神。

(三)课时有限且知识点繁多

本课程自 2018 年开设以来,由林学院全面统筹课程安排,为了保证学生授课内容的一致性,该课程的基础课件由我院的彭祚登老师统一准备并分享给各位授课老师,各位授课老师再根据自己的授课情况自行修改。 但该基础课件知识点繁

多，涉及的林业基础知识内容丰富，在有限的课时内很难进行深入全面的讲授。

（四）缺少本校主编的"林学概论"教材

在开设"林学概论"课程之初，我校教师并未出版自己编著的《林学概论》教材，因此推荐给学生的参考书是：陈祥伟和胡海波主编的《林学概论》和徐小牛主编的《林学概论》两本教材。虽然这两本教材都是为非林学专业学生准备的，但是它们相互的侧重点有所不同，且与我们的基础课件内容不能很好地对应，因而不利于学生的自主学习及课后的复习。

三、少数民族预科班"林学概论"课程的改革探索

（一）强化思想政治引领，激发学生努力学习的斗志

虽然进入了大学，但同学们的思想多处于"高中+"的状态，在缺乏高强度的学习压力后，很容易在大学起步阶段出现思想滑坡的情况，导致上课睡觉、玩手机等不良现象频发，并且后续很难调整过来。因此，大学起步阶段的思想引领对他们非常关键。笔者会在"林学概论"的第一堂课时，用两张幻灯片的内容给同学讲一讲大学的育人理念、大学规划等，希望能够帮助学生养成良好的习惯，让学生意识到虽然上了大学也仍需要努力奋斗和学习。同时，在课上也穿插分享老一辈林业人不畏困难、努力奋斗的感人事迹，让学生们珍惜时光，学会感恩，从而激发努力学习的斗志[3]。

（二）加强主线内容的引导，让学生紧跟课程思路进行学习

"林学概论"的课程体系涵盖林学基础知识、林木的培育、森林的营造、森林的保护、森林经营管理与森林资源的合理与利用等内容，虽然课件内的知识点繁多，但各部分的主线内容是明确的。笔者在授课过程中每上完一部分，会根据这部分的主线内容，引导学生对每个章节需要重点掌握的内容进行梳理和简化总结，加强学生的理解和记忆。例如，前面五章的主要内容为：认识森林，包括什么是森林、森林的作用、森林植物、森林生态系统、森林与环境等；第六章到第十一章的主要内容为：森林的营造过程，从种苗的繁育到造林；第十二章到第十五章的主要内容为：森林的抚育、更新、保护、经营与利用，即森林造好后需要进行管理、保护和经营，林木成熟后还需要进行利用等。当把大的课程框架掌握明白后，学生们就比较容易理解每章节需要重点学习和掌握的知识点。

（三）倾听学生的心声，努力提高授课质量

在 2018 年讲授第一届少数民族预科班"林学概论"课程的过程中，笔者一直在摸索着如何让学生喜欢"林学概论"这门只有理论教学的课程。因此，在课上和课后一直保持和学生们的沟通，询问他们的上课感受，听取他们的意见，对同学们反馈的建议进行优化及改正，让学生更好地学习"林学概论"。课程结束后也会

要求每一位同学写出课程感想,学习到了什么,以及该课程需要改正和提高的地方。 笔者会认真阅读每一位学生的意见,并根据同学们的反馈调整下一届"林学概论"课程的讲授模式,努力提高授课质量。 目前已经成功开展了 4 年,为提高少数民族预科班"林学概论"的教学质量提供了重要的参考。

(四)优化教学内容及模式

1. 重点内容重点讲,难点内容详细讲

根据往届学生的意见反馈,笔者发现提到最多的问题是:"林学概论"课程知识点太多,无法很好地区分出重点内容,希望在授课过程中能够有所突出和侧重。因此,笔者依据教学大纲对该课程的基础课件进行了精简及优化,突出重点内容。在授课过程中对于课程的一些重点及难点内容,通过图文并茂的形式进行详细的讲解,帮助学生更好地掌握重点和难点内容。

2. 上课问、下课学,加深学生的理解和记忆

"林学概论"课程的理论知识点繁多,在课上学生容易感到乏味,注意力不集中,且课堂参与度不高。 因此,笔者在讲授过程中通过提问的方式,加强师生互动,引导学生积极地参与到课程的讲解过程中,从而营造了良好的课堂气氛,提升了教学效果。 同时,在每节课结束后会给同学们留一个针对于本节课内容的开放式问题,督促同学们课后进行复习。 下一次课上请同学们回答上节课留下的问题,并结合问题对上节课的重点内容进行回顾和复习,加深学生的理解和记忆。另外,推荐同学们课后自主去大学生慕课平台观看彭祚登老师主讲的"林学概论"课程,对重点内容进行进一步的学习巩固。 另外,在建立的课程微信群内积极地与同学们进行课后的交流,分享林学相关内容的文章、专家报告、视频、公众号等资源,鼓励感兴趣的学生积极主动地学习,深化课上所学的知识。

3. 多种素材相结合,丰富授课内容

从以往的授课情况来看,学生对于纯文字的理论教学模式积极性不高。 因此,在优化课程内容时,笔者将图片、视频、动画、卡通图示等素材充分融入课程教学过程中,将抽象的内容具体化、简单化,增强学生的学习积极性,加深学生对课程内容的理解和掌握。 在课程讲解过程中,给同学们穿插着讲一些课程内容相关的有趣的故事和例子,吸引学生们的注意力,提高教学效果。 另外,由我院马履一和彭祚登老师主编的《林学概论》已于 2020 年 9 月正式出版,目前也已经作为该课程的指定教材。 笔者也参编了森林保护部分中的一小节内容,即森林有害生物防控中的森林病害部分。

4. 尝试"角色互换"的开放课

教师"一言堂"式的教学形式,学生的课堂积极性普遍偏低,尤其是对于"林学概论"这类只有理论讲授的课程,学生多为知识的被动接受者。 因此,笔者从

第二届少数民族预科班"林学概论"课程开始，在课程设置上引入了一次针对"林业/林学"相关议题的开放式讨论课[4]，部分开放式议题包括：①如何理解习近平总书记提出的"绿水青山就是金山银山"；②如何理解"宁要绿水青山，不要金山银山"；③同学们的家乡在国家提出生态文明建设后，在林业上有什么明显变化；④如何理解梁希先生提出的"无山不绿，有水皆清，四时花香，万壑鸟鸣，替河山装成锦绣，把国土绘成丹青，新中国的林人，同时是新中国的艺人"；等等。 同学们根据感兴趣的议题进行组队，分别收集素材，准备课件，并于课上汇报他们对不同议题的理解，让学生当老师，他们的汇报内容丰富，形式多样，课堂气氛活跃。学生通过材料的收集、PPT的制作以及后续课上的汇报，加深了他们对"新时代""新农科"背景下我国林业发展历程的理解，提升了他们对该课程的参与度，让学生们能够更好地融入该门课程的学习过程中。

5. 观看林学相关视频, 开展课前"5分钟"林思考

"林学概论"课程中包括很多实践性很强的内容，如造林、种苗的培育、树木保护等，如果仅仅听老师们的课堂讲授，很难达到预期效果。 笔者在进行课件准备过程中，发现了一部非常适合同学们观看的林学相关视频集《大漠绿色梦》，其中3集与"林学概论"课程内容密切相关，即塞罕坝奇迹、给沙漠锁边、共筑绿色长城。 在开课前5分钟给学生播放观看，他们反响热烈，尤其是对于"塞罕坝奇迹"这一集。 这些视频内既包括了如何育苗、如何造林、如何保护森林等专业技术内容，同时也讲述了老一辈林业人如何通过艰苦付出造福子孙后代的感人故事。学生深受感染，笔者也会向学生强调老一辈林业人的艰辛以及现在生活的来之不易，激励大家要努力学习，要有感恩之心，从而达到"树情怀、立使命、培修养"的目的[5]。

（五）优化考核评价体系

考核是整个教学过程中的重要环节，是评价教学效果、实现教学目标的重要手段。 第一届少数民族预科班"林学概论"课程成绩由期末闭卷考试成绩（70%）+平时成绩（30%）组成，但平时成绩的评判并未有确切的标准。 因此在后续的考核评价体系中将30%的平时成绩进一步细分，包括课堂表现、课后作业的完成情况、出勤率、小组汇报等内容，大大提高了学生的课堂活跃度以及学生的积极性。

四、少数民族预科班"林学概论"课程教学改革的成效

通过互动式的教学模式、"角色互换"的开放课、课前"5分钟"林思考、课后课程微信群内文章、视频和报告的分享等形式，使得学生对于该课程的参与度和积极性显著提高，在课上也保持较高的集中度，课堂气氛活跃，低头玩手机、看课程无关书籍等现象显著减少，学生的出勤率保持在95%以上。 另外，通过课前、课

上和课下相结合的学习模式，使得学生更好地掌握了"林学概论"相关的理论知识，并结合视频学习，能够较好地将理论知识和实践操作进行对应。令笔者感到欣慰的是，有部分学生在学习"林学概论"课程后，对林学产生了浓厚的兴趣，并在预科学习结束后，选择了林学相关专业继续学习。最后，少数民族预科班"林学概论"课程的改革，也得到了学生的认可，该课程连续3年的学生评价总分在95分以上。同时，该课程在2021年获评北京林业大学本科教学"好评课堂"的称号。

参考文献

[1]闫东锋,代莉,李继东,等.新农科背景下适应专业认证的林学专业建设改革与实践[J].中国农业教育,2021,22(4):38-43,50.

[2]郭其强.加强生态文明建设,助推高校林学专业发展[J].河南农业,2020(11):40-41.

[3]刘西军,徐小牛,于珍珍,等.林学本科专业课程思政的思考与实践[J].安徽农学通报,2021,27(18):197-199,205.

[4]秦炜炜.翻转学习:课堂教学改革的新范式[J].电化教育研究,2013(8):84-90.

[5]贾黎明."5分钟林思考"之思考[J].北京教育(高教),2021(10):61-63.

"林学概论 B"通识必修课程开展思政教育的实践探索

陶思齐　　张乃莉

（北京林业大学林学院,北京　100083）

摘要: 课程思政是新时代我国高校大学生思想政治教育的重要途径,对落实高校立德树人根本任务和实现人才培养目标具有重要意义。"林学概论 B"是北京林业大学面向非林专业学生开设的一门关于林学基本理论和林业生产技术知识体系的通识课程,课程中蕴含着丰富的思想政治元素,在开展课程思政建设中处于关键地位。立足"林学概论 B"课程教学大纲和目标,本文从林业精神、造林实例、悠久历史和理念教育 4 个方面挖掘思政元素、设计思政教学内容,并通过自媒体互动教学、建立网络课程和课堂课下相结合等教学方式将思政元素应用到"林学概论 B"课程教学中。通过教学实践,笔者从教学理念的转变、教学模式的完善和教师思政水平的提高这 3 个方面提出了关于提升思政教学效果的具体策略,并以问卷调查形式评估了课程思政的教学效果。教学实践表明,通过开展课程思政教育,不仅增强了学生的专业自信、民族自信和文化自信,帮助学生树立了正确的社会主义生态文明观,还加深了学生对课程知识体系和教学目标的认知程度,激发了学习的动力,实现了知识传授与价值引领的同频共振,大大提升了课程教学的效果。

关键词: 课程思政;林学概论 B;教学内容;教学模式

在大学教育中,立德树人是最基本的任务,而课堂教学则是实现立德树人的主要途径。 在大学阶段,学生的世界观、人生观和价值观的形成至关重要。 然而,由于经济主体的多元化,社会的多元化价值观交织渗透,对当代大学生的思想意识产生了巨大的冲击,仅仅依靠高等院校的思想政治类课程对大学生进行价值引导,已经显示出很大的局限性[1, 2],因此,亟须建立多学科同频共振的"大思政"格局,将专业知识与思想政治相结合,实现协同育人的效应,在课程教学中实现立德树人的根本任务。 近年来,党中央和各级领导高度重视思想政治教育,2016 年 12 月,习近平总书记在全国高校思想政治工作会议上强调:"要坚持把立德树人作为中心环节,把思想政治工作贯穿教育教学全过程,实现全程育人、全方位育人"

作者简介:陶思齐,北京市海淀区清华东路 35 号北京林业大学,讲师,taosq@ bjfu. edu. cn;
　　　　张乃莉,北京市海淀区清华东路 35 号北京林业大学,副教授,zhangnaili@ bjfu. edu. cn。

资助项目:北京林业大学 2021 年课程思政教研教改专项课题"林学概论 B 课程思政教学改革"(2021KCSZZC003)。

"要用好课堂教学这个主渠道""其他各门课都要守好一段渠、种好责任田,使各类课程与思想政治理论课同向同行,形成协同效应"[3]。 习近平总书记还强调:"要坚持把立德树人作为高校思想政治工作的中心环节,思想政治工作要贯穿教育教学的全过程,从而实现全程育人、全方位育人,努力开创我国高等教育事业发展的新局面[4]"。 这一教育理念已经成为高校实施"课程思政"、实现"立德树人"目标的行动纲领和工作指南。

一、"林学概论 B"课程教学的特点及思政教育的必要性

"林学概论 B"是北京林业大学开设的一门通识必修课程,面向全校非林学专业学生[5]。 该课程旨在为非林学专业的学生提供关于林学基本理论和林业生产技术的知识,为他们今后的专业学习和工作提供必要的林业知识储备,对于培养复合创新型的林业人才具有重要的意义[5]。

2022 年春季学期,笔者承担了"林学概论 B"课程的教学工作,教学对象是来自园林专业 2021 级共 6 个班的 176 名非林专业学生。 相比较 32 学时的"林学概论 A"课程,"林学概论 B"课程总课时量仅为 16 学时,但该课程涵盖森林植物、森林生态、森林培育、森林经理、森林利用与保护等林学多个专业领域的基础理论和应用技术,理论体系庞杂、内容多、跨度大。 以马履一、彭祚登主编的《林学概论》为例,该教材涵盖了认识森林、林木种苗繁育、森林营造、森林抚育、更新与保护和森林资源经营管理与利用 5 个方面,共计 15 章、42 节的课程内容。 在面临课时量少、教学范围广、涉及学生多的情况下,探索如何在"林学概论 B"课程教学中,恰当地、潜移默化地将理想信念、林业精神等思想政治教育元素有机地融入,实现价值引领、知识传播和能力提升的协同,具有非常重要的意义。 表 1 展示了"林学概论 B"课程章节中包含的一些典型课程思政教学元素。 通过将这些内容与专业知识结合起来,在教学过程中实现课程思政同向同行、协同育人的目标。

表 1 林学概论 B 教学章节中的思政教学元素举例

章节	专业教学目标	思想政治教育教学目标
绪论	介绍国内外林业科学研究的取得的重要成果、当前的任务和发展趋势;国内外林业建设取得的成就与发展趋势,中国林业与世界林业的比较	传播爱党、爱国、积极向上的正能量,引导学生正确、理性地看待我国林业方面的不足以及林业关键技术发展的瓶颈问题,引导学生认识林业科学研究的重要性和紧迫性
认识森林	了解森林、林分和森林资源的概念、林分特征和森林资源状况的指标,掌握我国森林的分布特性,了解森林的作用	融入中国古代关于森林物种资源多样性的诗词和"千里江山图"等思政元素,培养学生的民族自豪感和文化认同感

（续）

章节	专业教学目标	思想政治教育教学目标
树种规划与适地适树	了解适地适树概念、途径	让学生在学习中领悟效法自然、遵从四时的天地人和谐相处之道，进而获得人生的大智慧
造林施工技术	整地造林的概念和作用；播种造林和植苗造林的特点和适用条件；造林密度对树高、胸径和材质的影响	讲述林业工作者的敬业精神和中国人民艰苦奋斗的优秀品格，让学生体会榜样的力量，潜移默化地培养学生崇尚劳动、不畏艰苦、甘于奉献的职业素养；以造林播种技术的发展对比，让学生直观感受科技发展的力量，树立科研报国的崇高理想，引导学生投身国家生态建设
人工林结构	混交林的意义和特点、混交林和纯林的优缺点	以"森林培育学"中蕴含的古老东方思想，树立宏大史观，培养学生万物和谐的生态思维

二、"林学概论 B"课程思政教学实践

（一）知识传授与林业精神相融合——榜样的作用

我国林业生产可以追溯到远古时期，然而在 20 世纪，乱砍滥伐使我国的森林资源遭到严重破坏，林业发展进程严重受损。 2017 年，习近平总书记在党的十九大报告中指出："必须树立和践行绿水青山就是金山银山的理念。"随着各项营林政策的出台和执行，我国的林业得到了极大的恢复和发展，但现代林业在基础和战略性研究方面仍相对薄弱，应用研究也落后于欧美发达国家。 因此，在讲授森林培育整地与造林章节之前，笔者以塞罕坝精神为切入点，向学生们讲述塞罕坝林场是如何从"飞鸟无栖树、黄沙遮天日"的高原荒丘变成112 万亩人工林海、守卫京津的重要生态屏障的故事。"喝雪水、雨水，吃黑莜面窝头、咸菜"，林场的生活条件十分艰苦，再加上缺乏在高寒地区的造林经验，早期塞罕坝造林成活率非常低，这些艰苦磨难并未阻挡住一代又一代塞罕坝林场建设者的脚步，他们以青春和奋斗创造了人间的绿色奇迹，最终通过实际行动证明了"绿水青山就是金山银山"的真理，创造了"牢记使命、艰苦创业、绿色发展"的塞罕坝精神。 另外，在讲述森林更新与保护相关知识时，笔者以身边的精神榜样为例，向学生介绍了我校沈瑞祥、杨旺和李振宇 3 位老教授的科学研究事迹，他们躬耕践行，攻关"短周期工业用材林病虫害综合防治技术研究""华北地区光肩星天牛、溃疡病为主的杨树病虫害综合防治技术"等课题，在我国森林病虫灾害防治技术的开发与应用等方面做出了突出贡献，老先生们如今虽都年过八十，但仍然在林木病虫害防治领域发光发热。 老一辈林业人的光辉事迹处处蕴含着深厚的思政内涵，作为林业院校的学生，了解这些林业精神能够加强他们对于林业工作的认同感和责任感，带着这些精神去学好本专业的知识和实践技能，能够不断地提升境界、塑造正确的三观。

（二）知识传授与造林实例相融合——科技的力量

飞播造林以其高效、快速、低投入、低成本，以及不受地形限制等特点，被广泛应用于荒山、沙漠、采伐迹地等人迹罕至、交通不便的地区进行造林。 我国在20世纪50~60年代先后在广东、陕西、黑龙江等13个省（自治区、直辖市）开展了飞播造林，虽然取得了一定的成效，但由于装备落后，在造林过程中存在落种不均匀、形成的幼林稀密不均等问题，同时用种量过大。 我国装备制造技术近年来快速发展，尤其是无人机制造技术已成为世界领先水平，为飞播造林提供了强有力的技术支撑。 目前，利用无人机搭载的地形测绘仪、精确定位目标的电磁信号探测器等多种传感器，配合浸种催芽技术、生根粉、保水剂、种子胶黏剂等，极大地提高了飞播造林的成效。 2022年河南省林州市东岗镇万宝山迎来了一架装满树种的飞播造林直升机，这种吊挂式播撒仓每次载种量可以达到450~500kg，且只需50min的时间，1600kg的黄连木、苦楝、臭椿、白榆、紫穗槐、盐肤木等树种就被均匀地散播于万宝山5000余亩的作业区。 通过对飞播技术发展的讲述，使学生能重复体会到国家科技实力的增强对于社会经济发展的影响，树立学生对于科技强国的强大认同感和自豪感。

（三）知识传授与悠久历史相结合——文化的力量

森林除了为文学家、艺术家提供安静、舒适、优美的创作环境外，还为他们的创作灵感提供了很好的素材和对象，这体现了森林具有重要的文化教育功能。 在教授"林学概论 B"开篇第一章"认识森林时"，笔者引入了我国古代的一些名家名作来举例。 比如，杜笃《首阳山赋》的 "长松落落,卉木蒙蒙"丰富多彩地诠释了森林中丰富的植物多样性；蔡希寂《同家兄题渭南王公别业》的"素晖射流濑，翠色绵森林"描绘出一副森林里树木丛生，百草丰茂的美妙意境。 森林既是植物的基因库，物种资源丰富，也是珍稀濒危物种保护的重要场所，拥有重要的研究价值。 陆游《山居叠韵》中的"禽吟阴森林，鹿伏朴　木"描绘出森林作为由树木为主体所组成的最重要的地表生物群落，是生物多样性赖以存在的重要基础，也是生物种重要的基因库和地球生命系统的能源库。 2022年央视春晚上群舞《只此青绿》通过舞蹈展现了北宋画家王希孟的名画《千里江山图》。 青绿是《千里江山图》的核心，与中国传统的宇宙观、自然观、山水观、环境观、审美观以及中国山水画相互呼应、相得益彰，共同构成了一个完整的体系，同时也是自然生态环境、人为环境和森林景观视觉环境的自然产物。 从名家经典中汲取营养，不仅是积极响应党中央提出的"以文化人、以文育人"的号召，也为"德育教育"提供了新的载体和形式。 进入森林、了解森林、热爱森林，不仅需要学习相关的专业知识，还需要深刻了解祖国悠久而辉煌的文化，这将潜移默化地增强学生的文化自信和民族自豪感，激发学生振兴中华的斗志和科学使命感。

（四）知识传授与理念教育相融合——和谐的力量

自古以来，中国传统文化的三大哲学流派儒家、佛家、道家都提出了"天人合一"的思想，这个哲学思想代表了人类与自然和谐共处的理念，与习近平总书记提出的"人类命运共同体"有着密切的联系[6]。"林学概论 B"课程中，"混交林培育理论"提出混交林的建立成功与否，关键在于不同树种之间的生态位关系。 当两种或两种以上的树种混交时，可能会出现某一树种对于其他树种的生长促进或者抑制，而对于自身影响不大的情况。 此外，多个树种之间也可能出现互相排斥或者互相促进的现象。 既然生物之间可以相互影响、相互制约，笔者在教学过程中以此设计思政元素来启发学生，在处理人与自然、人与人、人与社会等关系的过程中，我们应该意识到，人类与自然是共生共存的关系。 我们不能只追求自身的利益，而忽视了自然环境和其他生物的生存需求。 相反，我们应该从个体的"中心主义"转向群体的"共生主义"，互相适应，协作共赢，共同构建人类命运共同体，建设和谐的地球家园。"适地适树"的原则意味着在进行造林时需要选择适合该地的树种，以发挥其生产潜力，实现该立地在当前技术条件下可能达到的高产水平。 这需要考虑到树种的生长速度、适应性、木材质量等因素，以及造林地的土壤、气候、水源等自然条件。 只有选择合适的树种，针对不同立地条件制定相应的管理措施，才能确保造林的成功，提高经济效益和生态效益。 笔者在授课过程中，以此启发学生一定要充分认识自身的优势和不足，找准在社会这片沃土中的定位，才能更好地发挥所学所长，达到"1+1>2"的效果。 在讲授森林资源保护章节时，以实例向学生们介绍在植物病虫害防治过程中，由于农药和肥料的滥用，给生态环境带来了严重的破坏。 在教学过程中，引导学生以辩证思维分析和理解这个问题：短期来看，病虫害的发生和蔓延受到了抑制，但长期的过量使用农药使得"农药残留、环境污染、害虫天敌减少"等，都非常不利于病虫害的可持续防治，容易引起重大的林业灾害，造成巨大的经济和生态损失。 因此，笔者在教学过程中引入"和谐、友善的社会主义核心价值观"为思政元素，讲解"预防为主，综合防治"的理念：以生物防治和物理防治的手段为主，辅以化学防治，尽量选择无毒、低残留的化学药剂，减少环境污染，保护生物多样性，推动人与自然的和谐发展，践行"既要绿水青山，又要金山银山"的理念，从而帮助学生树立生态林业的发展理念和社会主义生态文明观。

三、"林学概论 B"课程开展思政教育的具体策略

（一）转变教学理念，找准思政切入点

"林学概论 B"不仅是向非林专业学生普及林学专业知识和技能的通识必修课，更是增强学生对于林业工作的责任感和使命感以及对于林业院校认同感的重要

途径，而思想政治教育的目的是培养具备政治素养、具有合格素质的人才，这是一种教学理念。 在这种理念的指导下，思想政治教育与学科教育相辅相成、互相促进，形成协同效应。 通过思想政治教育，可以提高学生的道德修养、思想觉悟、社会责任感和法治意识，培养他们的良好品德和行为习惯，增强他们的社会适应能力和创新能力。 同时，思想政治教育也需要与时俱进，紧跟时代发展，注重与学科教育、实践教育的融合，提高教育教学的质量和效果，为培养更多的高素质人才提供有力支撑。"林学概论 B"课程思政工作的开展，本身就具有得天独厚的课程优势。 但同时在实际教学过程中，为了实现全方位育人的目标，需要找准专业教学与思想政治教育内容的交汇点，使得课程思政点与课堂教学内容有机融合，避免出现"孤岛"现象和"两张皮"现象[1]。 这需要教师在课程设计和教学实践中，注重思想政治教育的渗入和融合，将思政教育融入专业教学的各个环节中。 同时，学生也应积极参与思想政治教育，增强自身的思想道德素质和社会责任感。只有这样，才能使思想政治教育贯穿专业教学的全过程，培养德智体美劳全面发展的高素质人才，并为国家和社会的发展作出积极贡献。

在"林学概论 B"课程的思想政治教学设计中，教师需要注重课程建设，坚持课程的性质和本位不变，即保持课程的学科特点和教学目标。 然后，教师应该在课程内容中挖掘思政要素，为学生传递更多的正能量，以达到培养学生专业素养、人文素养、国家情怀及核心价值观等思政育人的目的。 因为思想政治教育内容非常丰富，所以在设置课程思政目标时，教师应该针对课程教学特点进行取舍，着重选取那些能够激励学生树立榜样、弘扬精神、传递正能量的素材。 同时，教师还应该不断挖掘林业发展过程中所蕴含的优秀文化和科学精神，弘扬中华民族悠久的历史文明。 通过介绍林业科学家伟大的人格和崇尚科学的精神来激励学生，通过科学技术发展推动社会文明进步的实例来引导学生，让学生了解只有坚持社会主义道路才能充分发挥专业技术的作用、专业技术人员才能有用武之地的观念，从而增强学生学习的自信心。

（二）完善教学模式，提高教学质量

"林学概论 B"课程思政教学应该突破传统的"教师讲、学生听"的教学模式，从单向灌输转变为双向交流。 通过建立和应用"课程思政网络资源平台"，可以最大限度地实现课程资源共享，这有利于强化教学过程中学生的主体地位，突破传统课堂教学的时空限制，运用灵活多样的教学模式。 教师可以在平台上发布课程资料、教学视频、案例分析、思政教育资源等，学生可以随时随地获取这些资源，提高学习效率。 此外，平台还具备在线学习、讨论、交流、答疑等功能，促进学生之间的交流和合作，培养团队合作精神。 同时，平台还可以收集学生的学习数据和反馈信息，帮助教师了解学生的学习情况和需求，及时调整教学策略。

总之,"课程思政网络资源平台"的建立和应用可以提高课程的思政效果,促进教学质量的提高,为学生综合素质的提升奠定坚实的基础。 特别是在新冠肺炎疫情期间,教师可以通过高效利用雨课堂、腾讯课堂等教学平台,提升课程思政的教学效果。 教师可以充分运用视频教学法、主题讨论法等教学方法,让学生在线学习课程内容,提高学习效率。 同时,在平台的讨论区,学生可以实时对思政内容展开讨论,教师可以与学生进行交流互动,及时发现学生可能存在的意识偏差,引导学生纠正这些问题。 此外,为了最大限度地利用课堂教学和课下学习的有机结合,教师可以在课堂教学中引入相应的思政教学内容,通过激发学生的兴趣来提高教学效果。 通过这些方法,教师可以更好地实施思政教育,提高学生的思想道德素质,培养学生的社会责任感和创新精神,为学生未来的发展打下坚实的基础。课下通过创建微信公众号、微信群等方式给同学们分享相应的阅读资料、视频等,学生可以利用更充足的时间接纳和吸收思政元素,提升课程思政的教学效果。 比如,在讲述"塞罕坝精神"时,可推荐学生课下观看《百年历程中的伟大精神——塞罕坝精神》和《我们走在大路上》系列的第十九章《绿水青山就是金山银山》等视频,让学生更直观地从绿色海洋中读懂林业人的担当与守护,找到有关矢志不渝精神的答案。

(三)提高教师思政水平,践行正确价值观

教师是高等院校育人的主力军,是学生优良品格的塑造者。 为了保证把思政元素良好地应用到专业课堂教学中,教师首先要提高自身的政治素养,对于时事政治要有高度的敏锐性,保持正确站位,也要充分利用网络平台进行课程思政专题培训。 尤其青年教师是教育工作未来发展的中坚力量,他们思维活跃、与学生年龄跨度小,是开展思政教育工作的良好群体。 例如,北京林业大学林学院从 2017 年开始,启动了建设以"传承林学精神,培育林人情怀"为主线的 "五分钟林思考"课程思政工作室,聘请专业人员建立导师团队,为青年教师补齐短板,大大提高了青年教师的课程思政建设能力。 此外,仅有空洞的思政理论,总是缺少说服力的。 作为课程思政的主要实施者,教师需要先参悟其中的道理,成为正确价值观的践行者,并将这些观念应用于工作或生活中,以解决遇到的难题。 只有这样,教师才能更清晰地指导学生,在课堂教学中结合具体课堂内容,融入自己为人处世的原则和对事件的认知,引导学生树立正确的价值观,使得知识传播过程中能够进行正确的价值观引领。 这样,学生才会更容易接受和理解课程思政的内容。

四、"林学概论 B"课程开展思政教育的效果初探

为了更好地了解"林学概论 B"课程思政教学情况,笔者利用问卷星向北京林业大学园林专业大二学生发放了该课程思政教学情况问卷。 调查问卷主要围绕 5

个方面进行设计：学生对于"林学概论 B"课程思政教育的整体认可度；学生最感兴趣的"林学概论 B"课程思政元素；学生喜欢的课程思政教学方式；课程思政教学存在的问题；提升"林学概论 B"课程思政教学效果的建议。笔者共收回 133 份有效调查问卷，参与调查的学生中，男女比例为 35 :98。调查结果表明，园林专业大学生对"林学概论 B"课程思政教育的满意度达到 72.6%，学生一致认为在学习林业基础理论知识与技术的同时增加相关的思政教育，有助于他们建立正确的价值观、提高思想觉悟。学生感兴趣的思政元素类型多样，其中有 45.11% 的学生对于专业相关内容的思政元素感兴趣，19.55% 的学生对于时政论题的思政元素感兴趣，16.54% 的学生对于社会生活相关的思政元素感兴趣。关于课程思政的教学方式，48.12% 的学生表示更喜欢将其与专业理论知识有机融合，以润物细无声的方式开展教学，28.57% 的学生喜欢结合图片或视频等多媒体形式将专业知识与思政元素相结合的实例教学方式。此外，超过一半的学生认为任课教师在理想信念、道德情操、扎实学识、仁爱之心等方面的表现对于自己的道德品质影响较大，并且任课教师挖掘出来的课程内容背后的故事、规律以及体现出来的精神对学生道德品质的影响也较大。但仍有 32.33% 的学生表示，"林学概论 B"课程思政教学存在一些问题，比如教学内容与思政元素的契合度不够高，在授课过程中何时引入思政元素、又如何回归到专业知识教学中，做得还不够好；另外，仍有部分思政内容是以说教为主，学生只是被动地接受，参与的动力和兴趣不足。关于如何提升"林学概论 B"课程思政教学效果，36.94% 的学生认为，可以在课前通过雨课堂将明确的课程思政教学目标和每个章节的具体思政目标发放给学生，学生通过课前自学、搜集相关资料、课上分组汇报等方式，主动地参与到教学过程中，通过课堂上分析讨论具体的思政案例，引导学生思考、分析和解决问题，加深对思政元素的接受度和认可度。

五、结　语

通过分析"林学概论 B"课程的教学大纲和目标，本文从林业精神、造林实例、悠久历史和理念教育 4 个方面挖掘思政元素，并将其应用到教学内容中。为了提升思政教学效果，本文提出了自媒体互动教学、建立网络课程和课堂课下相结合等教学方式。通过实践教学，笔者从教学理念的转变、教学模式的完善和教师思政水平的提高 3 个方面提出了具体策略。实践证明，通过课程思政教育，学生不仅增强了专业自信、民族自信和文化自信，还帮助他们树立了正确的社会主义生态文明观，并加深了对课程知识体系和教学目标的认知。这种综合性的教育方法激发了学生的学习动力，实现了知识传授与价值引领的同频共振，从而大大提升了课程教学的效果。

参考文献

[1]高德毅,宗爱东.从思政课程到课程思政:从战略高度构建高校思想政治教育课程体系[J].中国高等教育,2017(1):43-46.

[2]张悦,李洪山.高校思想政治教育工作存在的问题及对策研究[J].科教文化,2020(4):29-32.

[3]习近平在全国高校思想政治工作会议上强调:把思想政治工作贯穿教育教学全过程,开创我国高等教育事业发展新局面[N].人民日报,2016-12-09.

[4]肖香龙,朱珠."大思政"格局下课程思政的探索与实践[J].思想理论教育导刊,2018,25(10):133-135.

[5]陈仲,彭祚登,贾黎明."林学概论"课程教学改革的探索[M]//黄国华.打造金科、成就卓越:北京林业大学教育教学改革优秀论文选编.北京:中国林业出版社,2018:122-127.

[6]左雯雯,陈若松.论古代生态智慧对新时代生态文明建设的启示[J].衡阳师范学院学报,2021,42(1):45-52.

"森林保护学研究生论文写作"
课程思政研究与探索

侯泽海　石　娟

（北京林业大学林学院，北京　100083）

摘要：课程思政建设是落实立德树人根本任务的重要举措。笔者依托研究生必修课"森林保护学研究生论文写作"课程开展思想政治教育，挖掘课程内容中蕴含的学术价值观、辩证唯物论、创新思维培养及文化自信等思政元素，从教学目标、教学内容和教学方法 3 个层面精心拟定了开展思想政治教育的整体思路，设计思政教育实施的具体途径，践行"价值塑造、能力培养、知识传授"三位一体育人理念。将专业知识和思政元素有机融合，既有效地传授了专业知识，又充分发挥了育人作用，从而培养有家国情怀、有责任担当的高素质林业人才。

关键词：论文写作指导；课程思政；教学改革；翻转课堂；评价机制

课程思政建设是落实立德树人根本任务的重要举措，也是全面提高人才培养质量的重要任务[1]。 目前，课程思政在各类本科生课程中广泛开展且已取得显著成效。 研究生在导师的指导下开展课题研究，课程学时相对较少，如何利用学时不多的研究生课程做好思想政治教育，是研究生课程教学改革面临的现实问题。

"森林保护学研究生论文写作"课程是森林保护学研究生的必修课，主要讲授文献检索与阅读方法、论文选题、学术论文写作要求及规范、投稿及发表技巧等，帮助研究生提升学术论文及毕业论文的撰写能力，并加强写作的学术性、科学性和规范性。 在"森林保护学研究生论文写作"课程教学中融入思想政治元素，将专业知识和思政元素有机融合，既有效地传授专业知识，又充分发挥育人作用。 把思政元素有机融入研究生课程教学，对培养有家国情怀、有责任担当的高素质人才具有重要意义[2]。

一、"森林保护学研究生论文写作"课程概况

科技论文写作是为学生提供科学研究过程规范和科技论文写作方法指导的实践

作者简介：侯泽海，北京市海淀区清华东路 35 号北京林业大学，讲师，houzehai@ 126. com；
　　　　　石　娟，北京市海淀区清华东路 35 号北京林业大学，教授，bjshijuan@ 126. com。
资助项目：北京林业大学 2023 年研究生教学改革项目"'森林保护学研究生论文写作'课程改革与实践"（JXGG23058）。

特征鲜明的方法论课程。 因缺乏系统训练，研究生科技论文写作经验普遍不足。时代呼唤大批德才兼备的科技人才，因此，开设科技论文写作课程是提升研究生培养质量的重要举措。 目前，很多国际、国内一流大学均开设了科技论文写作相关课程。 例如，斯坦福大学开设的课程名为"Scientific Writing"；北京理工大学开设的课程名为"英文科技论文写作"；西北工业大学开设的课程名为"文献检索与论文写作"。 林学院森林保护学学科也积极响应学生的需求和培养高素质农林人才的要求，面向硕士一年级学生开设了 16 学时的"森林保护学研究生论文写作"课程。

该课程立足国际化复合型人才培养目标，基于森林保护学研究生发表高水平英文期刊论文的需求，培养研究生在国际期刊论文方面的写作和发表能力。 聚焦英文期刊论文各章节的词、句、篇，从点、线、面多角度培养学生期刊论文的写作能力；指导学生学习使用文献搜索、文献管理、文献标注以及构思框架工具，使论文撰写达到国际规范；指导论文投稿流程以及查询、修改过程中涉及的信函写作，提高学生的学术沟通能力，有效推广研究成果；掌握期刊论文的文体特点，培养良好的体裁意识和写作习惯，使写作得心应手。 课程从遣词造句到谋篇布局，从篇章构建、编辑润色到投稿发表，指导论文发表的全过程，提高研究生在国际高水平期刊上发表论文的质量和效率，使其成为具有国际视野、国际交往能力、国际竞争能力的人才。 在"森林保护学研究生论文写作"课程中有机融入思政元素，引导研究生树立正确的学术价值观，崇尚学术道德、明确学术规范、发挥创新思维，落实立德树人的根本任务。

二、挖掘与融入"森林保护学研究生论文写作"课程思政元素

（一）习近平新时代中国特色社会主义思想

习近平新时代中国特色社会主义思想是全党全国人民为实现中华民族伟大复兴而奋斗的行动指南。 习近平总书记在科学家座谈会上的重要讲话指引科技发展方向，号召广大科技工作者面向世界科技前沿、面向经济主战场、面向国家重大需求、面向人民生命健康，深入实施科教兴国战略、人才强国战略、创新驱动发展战略，把握大势、抢占先机，直面问题、迎难而上，完善国家创新体系，加快建设科技强国，实现高水平科技自立自强。

我国是林业生物灾害最为严重的国家之一，其中松材线虫病是最具危险性的森林病害，严重威胁我国生态安全、生物安全和经济发展。 在科研选题讲授部分，引导学生作为森林保护工作者，应紧紧围绕松材线虫病防控的国家重大需求，学好用好习近平新时代中国特色社会主义思想的世界观和方法论，加快松材线虫病灾变机制与可持续防控技术研究，坚决遏制松材线虫病疫情发生和扩散蔓延势头。 党

的二十大报告明确指出："加强生物安全管理，防治外来物种侵害。"科研选题应面向国家生物安全重大课题，摸清我国外来入侵物种数量、分布范围、危害程度等并制定防控指南，守护好国门生物安全。

（二）学术担当与家国情怀

国家兴亡，匹夫有责。作为科技工作者，要有家国情怀，要面向国际学术前沿、国家重大需求开展科学研究，更要有责任和担当。在讲解科学家精神中，举例说明 20 世纪 50 年代，为了祖国的强盛，钱学森、邓稼先、郭永怀等一批科学家毅然回国，不计个人名利默默奋斗数十年，成为了"两弹一星"功勋；此后，屠呦呦、袁隆平、黄大年等为数不少的科学家，以赤子之心、拳拳之情投身建设科技强国、实现中国梦的伟大实践，体现了心有大我、至诚报国的崇高境界。

然而，目前有不少科研人员整天绞尽脑计为发论文而论文，整天只为个人着想而不考虑国家利益。在国际环境日趋严峻的今天，呼吁有志科研人员挺身而出，向老一辈具有家国情怀的科学家学习，自觉把个人利益和国家利益融为一体，聚焦最紧急、最急迫的问题，苦干实干加巧干做出卓越成果，以展现济世救民、匡扶天下的学术担当。这才是对家国情怀的最好诠释和实践。如此，我国的发展才不会受制于人，科研人员在强国征途上的不可或缺作用才能充分体现。

（三）文化自信自强

习近平总书记指出："要保护好、传承好、利用好中华优秀传统文化，挖掘其丰富内涵，以利于更好坚定文化自信、凝聚民族精神。"我国昆虫文化源远流长，《诗经》记载了除蝴蝶之外几乎全部的重要文化昆虫，从农事、爱情、后代繁衍等方面赋予了它们初始文学意蕴[3]。《庄子》寓言开启了蝶梦与自由人生的千古哲学话题。在两汉魏晋南北朝这一风云际会的历史时期，风格多样的文人群体将目光投向昆虫的微观世界，以趋小善微、借物抒情的文学表达方式，成就了大量优秀的咏虫赋作[4]。

中国是最早开始种桑、养蚕、生产丝织品的国家，为世界纺织生产作出了非凡贡献[5]。"丝绸之路"作为一条横贯东西、连接欧亚的大通道，沟通了世界东西方的商贸、科技和文化，同时也促进了中华各民族间的交流交融，在中华民族共同体建设历程中发挥了重要凝结作用。2013 年提出的"一带一路"建设也秉持着"丝绸之路"形成的丝路精神。通过对"家蚕—蚕丝业—丝绸之路—'一带一路'"的贯穿讲解，激发了学生的民族自豪感，坚定了"为人民谋幸福，为民族谋复兴，为世界谋大同"的理想信念。

（四）辩证思维的培养

在研究昆虫与人类关系时，涉及判断昆虫到底是有害还是有益的问题时注重对学生辩证思维能力的培养。一方面，一些植食性昆虫会给农林生产带来减产损失，一些卫生害虫会危害人类健康；另一方面，很多昆虫对人类有益，如蜜蜂可产蜜、传粉，虫草可入药，天敌可控制害虫种群数量。

辩证唯物主义是中国共产党人的世界观和方法论[6]。在害虫的防控中，也需要辩证思维的指导，例如在化学防治的过程中，要充分认识到化学农药是把"双刃剑"，它在消灭害虫的同时，对绿水青山的自然生态环境造成破坏。因此，在农林业生产中进行害虫防控时，既要衡量经济利益又要考虑生态效益。

（五）学术创新精神的培养

习近平总书记指出："科学成就离不开精神支撑。"课堂教学中，引入钱学森、邓稼先、郭永怀、屠呦呦等杰出科学家的事迹，引导学生在科学家精神指引下，投身建设世界科技强国，书写更多创新故事。此外，将森林保护学学科骆有庆教授的科研工作作为实例解读学术创新精神。教育部创新团队和黄大年式教师团队负责人骆有庆教授领衔组建了跨院系多学科的林业有害生物遥感监测团队，从不同尺度（近地面、航空和航天遥感）、不同传感器（光学相机、热成像仪、激光雷达和微波雷达等）、不同分辨率（空间分辨率、光谱分辨率及时间分辨率）和不同监测模型等方面，分析了遥感技术在林木钻蛀性害虫早期监测中的最新研究与应用成果，发表在国际昆虫学界的经典和权威综述期刊《Annual Review of Entomology》上[7]，在昆虫学科发展中起着引领作用。该实例的讲解进一步引发了同学们的科研创新热情及创新决心。

（六）学术诚信教育

孟子曰："车无辕而不行，人无信则不立。"学术诚信是学术的生命，也是学者的生命。学术不端或学术失范，不仅破坏了学术共同体的风气，导致不正之风的盛行，也会误导和干扰其他学者的研究。如果基于虚假数据的论文得以发表，同行学者会跟踪、重复和验证这些结果，在没有得到相同或相近结果的时候，同行学者首先会怀疑自己的实验方法或实验细节出现问题，从而花费很多时间、精力和资源去重复实验，造成大量时间和资源的浪费，对同行学者是一种直接的损害。

在学术诚信教育中引入一系列对学术界产生较大影响的学术不端案例，例如，日本小保方晴子 STAP 细胞（Stimulus-triggered acquisition of pluripotency cells）刺激触发性多能性获得细胞事件、韩国黄禹锡干细胞造假事件，让学生意识到学术造假的严重危害。同时，树立正面榜样，引入华罗庚、陈景润、黄大年等科学家的事迹，教育学生坚守科研诚信，踏实做好科学研究。

习近平总书记强调："要营造良好学术环境，弘扬学术道德和科研伦理。"在学术探索的路途中，来不得半点的虚假，要像习近平总书记要求的那样，"耐得住寂寞，经得起诱惑，守得住底线，立志做大学问、做真学问。"因此，每个学者在从事学术研究时，都要把做人、做事、做学问统一起来，做到"知之为知之，不知为不知"。

三、"森林保护学研究生论文写作"课程思政建设

"森林保护学研究生论文写作"课程以课堂教学为主要渠道，在强化研究生科学研究、论文写作方法和能力训练的同时，充分挖掘课程中所蕴含的思政元素，从教学目标、教学内容和教学方法 3 个层面有机融入思想政治教育元素，践行"价值塑造、能力培养、知识传授"三位一体育人理念。"森林保护学研究生论文写作"课程思政研究与探索总体思路如图 1 所示。

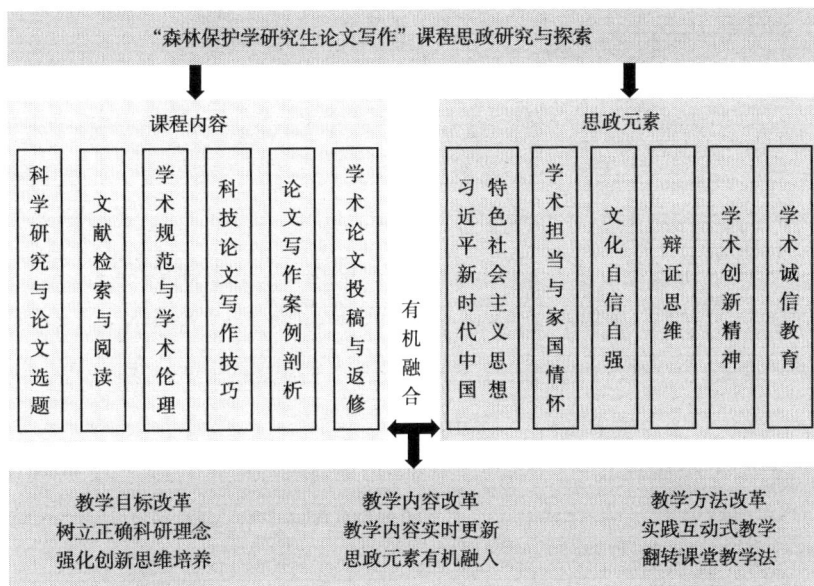

图 1 "森林保护学研究生论文写作"课程思政研究与探索框架图

（一）教学目标改革

除了知识学习目标外，教学目标中也融入课程思政元素。 在价值引领方面，以习近平新时代中国特色社会主义思想为指导，坚持知识与思维培养相统一，让同学们树立学术担当与家国情怀、坚定文化自信自强、提升辩证思维能力、加强学术创新、坚守学术诚信。 在知识传授和能力培养方面，要求同学们扎实掌握文献检索和阅读能力，了解本领域的世界研究前沿，面向经济主战场和国家重大需求，并结合自身兴趣开展科学研究，树立勇攀高峰、敢为人先的科研理念。

（二）教学内容改革

"森林保护学研究生论文写作"课程教学内容要与时俱进，加入新鲜知识点。例如，在论文写作案例剖析中，涉及害虫监测手段研究时，除了传统监测方法外，还应结合人工智能、害虫智能精准识别与监测预警等技术实现害虫监测。 运用无人机搭载高光谱成像等设备、雷达遥感、卫星遥感等技术，并通过"互联网+"、云平台、物联网、大数据分析等技术构建大区域、大尺度、长时间的害虫监测预警体系[8-10]。 涉及病虫害综合防治研究时，介绍新兴的"病虫害综合治理组学"，利

用现代组学技术揭示害虫暴发的内在机制，并采用基因编辑、RNAi 干扰、转基因等手段研发害虫精准控制措施，让实现害虫的个性化治理成为可能[11]。 涉及昆虫与天敌、病原微生物互作研究时，介绍"生物导弹"防治技术，该技术是通过组配卵寄生蜂与病毒，将卵寄生蜂作为制导工具，病毒作为弹药的一种害虫防治技术。该技术经济实用，不污染环境，已经在农林业害虫防控中取得一定成效[12]。 在林业害虫防治中，生物导弹也已先后用于杨二尾舟蛾[13]、松毛虫[14]等害虫的防治中。

（三）教学方法改革

"森林保护学研究生论文写作"课程实践性较强，课程团队采用不同的教学方法调动学生学习积极性。 第一是实践互动式教学，要求同学们检索、阅读并剖析经典文献，分析研究设计思路、论文写作方法与技巧。 教师和学生共同剖析经典文献中蕴含的创新思维，实现价值塑造。 最后要求学生利用已有试验数据，根据掌握的科技论文写作方法，撰写学术论文，并让学生互相评阅论文，在实战中提高论文写作水平。 第二是翻转课堂教学法。 在翻转课堂教学模式中，学生是学习活动的主体，教师是学习过程的组织者和引导者，促进学生积极主动地参与学习活动的全过程[15]。"森林保护学研究生论文写作"课程开课前，教师将班级成员分成课程学习小组，提前布置需要课前学习和讨论的问题，要求学生在图书馆或网上查找文献资料并制作 PPT；上课时学生进行学习成果和收获的分享，教师对学生的问题进行答疑并进行更深层次的研讨互动。 通过课前预留作业和课堂探讨的形式进行学习，最大限度地激发了学生的主观能动性并锻炼了自主学习能力。

四、评价机制建立

课程目标的达成取决于每个教学环节任务的实现和质量，"森林保护学研究生论文写作"课程是一门实践性很强的课程，因此在课程考核过程中，既要注重对学生前沿知识的掌握情况进行考核，又要注重对实践技能基础知识的掌握情况进行考核，还要兼顾对学生的知识运用能力进行考核。 该课程实行全方位的过程性考核，总成绩（100 分）= 平时成绩（20 分）+文献剖析汇报（15 分）+论文初稿（15分）+初稿互评（10 分）+论文终稿（30 分）+学术不端行为鉴定（10 分）。 其中，平时成绩考核内容包括是否按时上课，遵守课堂纪律，以及积极回答问题；文献剖析汇报考核内容包括对汇报文献的掌握程度及汇报是否清晰流畅，回答问题是否准确；论文初稿考核内容包括结构是否合理、写作是否规范、格式是否正确；初稿互评由教师将论文初稿分配给学生进行交叉评阅，并提出审稿意见，教师根据评审过程给予评阅者互评分数；论文终稿由学生依据写作初稿、初稿互评以及自己进一步的思考和斟酌后修改并完善。此外，加强思政教育效果的考核，主要通过学术不端行为鉴定，考核学生是否遵守学术规范与学术诚信。

五、结　语

本文针对"森林保护学研究生论文写作"课程思政进行研究与探索。首先是挖掘该课程中所蕴含的思政元素；其次根据课程特点，针对教学目标、教学内容和教学方法分别提出改革思路；最后结合"价值塑造、能力培养、知识传授"的三位一体育人理念构建了较为完善的课程评价机制。课程改革中，将专业知识和思政元素有机融合，既有效地传授了专业知识，又充分发挥了育人作用。同时，培养了学生"知林、爱林、为林"的林业情怀和建设祖国生态文明事业的责任担当。

参考文献

[1]邱仁富."课程思政"与"思政课程"同向同行的理论阐释[J].思想教育研究，2018(4):109-113.

[2]王茜."课程思政"融入研究生课程体系初探[J].研究生教育研究，2019(4):64-75.

[3]李芳.刍议昆虫文化与现代科普[J].科普研究，2011(6):89-93.

[4]李璐.诗说虫语：唐诗宋词里的昆虫世界[M].北京：中国社会科学出版社，2017.

[5]向仲怀.中国家蚕基因组与21世纪丝绸之路[J].蚕业科学，2003(29):321.

[6]孙来斌.用习近平新时代中国特色社会主义思想武装大学生头脑[J].中国高校社会科学，2018(2):23-26.

[7]LUO Y, HUANG H, ROQUES A. Early monitoring of forest wood - boring pests with remote sensing[J]. Annual Review of Entomology, 2023(68):277-298.

[8]冯健昭.基于物联网的害虫监测关键技术研究[D].广州：华南农业大学，2018.

[9]何佳遥，翟俊峰，潘绪斌，等.基于物联网的农业害虫监测技术进展[J].植物检疫，2023(37):1-5.

[10]崔发开.物联网技术在农业病害虫监测方面的应用[J].农业工程技术，2022(42):28-29.

[11]荣昌鹤，李文迪，王绍景，等.基因组时代的病虫害综合治理："病虫综合治理组学"简介[J].西部林业科学，2016(45):159-163.

[12]李大喜.玉米螟防治中生物导弹的应用[J].农业与技术，2018(38):75.

[13]何江成，蒋衡，汤显春，等."生物导弹"防治杨二尾舟蛾初报[J].新疆农业科学，2006(3):224-227.

[14]赵青，殷涛，王贝利，等."生物导弹"防治马尾松毛虫应用效果[J].湖北林业科技，2014(43):20-22.

[15]王晓帆."互联网+"背景下党校思政课"翻转课堂"的探索[J].微型电脑应用，2021(37):157-159.

"植物营养与施肥"在经济林专业授课中的课程思政研究

靳豪杰　王海燕　葛婉昭

（北京林业大学林学院，北京　100083）

摘要："植物营养与施肥"作为农林大学本科生培养中的专业选修课，对学生专业基础理论以及后续科研工作的开展都有着不可替代的指导作用。为了进一步提升学生对课程内容的理解以及取得更好的学习效果，同时伴随着党和国家一系列新政策新理念的出台，如何将国家的政策方针融入课堂学习当中，培养出专业过硬、政治合格的新一代林业高精尖人才便成了课程改革和学习的重中之重。本文围绕课程教学的理念与目标，深度挖掘课程所蕴含和涉及的思政元素，并通过课堂案例举证、学生参与式教学以及贯穿式的课程评价进行课程教学成效的评估与反思。教学实践证明，通过课程思政元素的融入提升了学生学习的动力，提高了课堂教学效果，也进一步为学生未来投身相关行业做了有力的教育和引导。

关键词：植物营养与施肥；课程思政；思政元素；教学实践

在高等教育中开展课程思政于 2014 年在上海首次提出。 高校教师在教育领域中扮演着至关重要的角色，在高科技专业人才输出的最后 1 公里，不仅担任着传道授业解惑的重任，更需要帮助作为教育主体的学生将个人发展更好地融入国家和民族发展的浪潮当中。 高校学生作为高等教育以及未来国家发展建设的主体力量，不仅需要掌握过硬的专业知识，更应成为坚定的社会主义建设者。 近些年随着高等教育的不断推进和普及，我国的高等教育已由"精英教育"转向"大众教育"，学生群体的扩大、学生的素质参差不齐以及西方自由思潮的冲击所带来的世界观、价值观的多元化，使得思政教育工作尤为重要和迫切。

"植物营养与施肥"作为北京林业大学林学一流学科面向经济林专业本科生开设的专业选修课程，在大三上学期进行授课，内容主要是针对农林主体的经济林木

作者简介：靳豪杰，北京市海淀区清华东路 35 号北京林业大学，副教授，haojie@ bjfu. edu. cn；

王海燕，北京市海淀区清华东路 35 号北京林业大学，教授，haiyanwang72@ aliyun. com. cn；

葛婉昭，北京市海淀区清华东路 35 号北京林业大学，本科生，wanzhao@ bjfu. edu. cn。

资助项目：北京林业大学 2022 年教育教学改革与研究项目"'植物营养与施肥'案例库建设及教学内容研究"（BJFU2022JY008）。

展开。 2022 年 3 月，习近平总书记在全国两会期间强调要大食物观，即：我们要向森林要食物，大力发展木本粮油，向江河湖海要食物，向设施农业要食物，同时要从传统农作物和畜禽资源向更丰富的生物资源拓展。 随着国家相关方针政策的出台，如何更好地进行经济林木资源的养护和开发，使林木资源能够更好地满足国家大食物观的需求，赋予了该门课程更多的使命与意义。

2018 年 12 月，党中央、国务院授予中国知名经济林专家李保国同志改革先锋称号。 2019 年 9 月，国家主席习近平签署授予李保国"人民楷模"国家荣誉称号的主席令，更将课程思政的重要性提升到了新的历史高度。 随着授课主体"00后"学生的入学，课堂中思政元素的融入显得更为必要，"00 后"多数为独生子女，富裕的生活环境让多数"00 后"对于农林行业的挑战和疾苦缺乏感知，而农林院校作为乡村振兴的排头兵，如何培养出更多的"想农民之所想，急农民之所急"的新一代林业一线技术扎实、政治过硬和信念坚定的青年才俊便成为大学教师的首要任务。

一、"植物营养与施肥"课程中加强思政元素的必要性及意义

（一）经济林产业发展是脱贫攻坚的主战场

2021 年 2 月 25 日，在京召开的全国脱贫攻坚总结表彰大会上，习近平总书记庄严宣告：我国脱贫攻坚战取得了全面胜利！ 预示着我国进入了全新发展的新阶段，已经从仅仅解决温饱向更高生活品质追求的迈进。 我国作为世界上第一大经济林生产国，经济林对脱贫攻坚战取得全面胜利具有重大的意义，也契合习近平总书记提出的大食物观的内涵与要求。 发展经济林可以有效改善边远地区尤其是多山林地区的人民生活条件，改善贫困地区生态环境并促进经济发展，但是在实际的经济林栽植和养护过程中，合理有效的施肥既涉及如何使得经济林木达到最优生长和产出，同时也与农户的经济投入密切相关。 尤其是这些地区农户经济收入相对不高，如何指导对经济林木进行合理施肥和营养提升不仅仅是惠民惠农的大事，也是农户经营管理对国家政策方针信任的主心骨。 北京林业大学作为培养学生强农强林使命感的排头兵，需要更好地引导经济林专业本科生将个人的发展更好地融入国家的历史发展使命当中，想国家之所想、急国家之所急。 通过"植物营养与施肥"课程的学习，使学生从理论与实践上掌握扎实的本领，从而更好地为农民生产经营中减负增收提供科技指导，以使经济效益最大化，从而为脱贫攻坚做出我们林业人独特的贡献。

（二）研究经济林植物营养与"双碳"目标

经济林木营养与施肥管理不仅是脱贫攻坚的主战场，也是实现"双碳"目标的排头兵。 2022 年 3 月，习近平总书记在参加首都义务植树活动时指出："森林是水

库、钱库、粮库，现在应该再加上一个'碳库'。"这一重要论断指明了林业在国民经济社会发展中的战略地位。 2022 年 8 月，中国林学会在北京组织召开专家评价会，对由红杉天枰科技集团有限公司与北京林业大学合作研究开发的"经济林碳汇项目方法学"给予了充分的肯定并建议推广应用，更将经济林在碳汇中的价值和潜力提升到了新的高度。 科学合理的经济林木施肥与营养管理能够更好地提升植物光合作用的效率，从而能够最大限度地达到经济林产业经营管理中的碳汇目的，助力"双碳"目标的实现。

（三）研究经济林植物营养与施肥的生态学意义

党的十八大把生态文明建设纳入中国特色社会主义事业总体布局，首次把"美丽中国"作为生态文明建设的宏伟目标。 在新形势和新要求下，林业行业不仅是脱贫攻坚的主战场，是实现"双碳"目标的排头兵，更是践行习近平总书记"两山"生态理论的最重要的实现者[1]。 已有的研究表明，土壤中过量的氮元素添加导致了土壤理化性质的恶化，影响了森林植物的生长，从长期来讲影响了生态系统当中所涉及的物种丰度及多样性，从而降低了森林碳汇的效率。 氮元素作为营养源和酸源，其过量施用导致的反硝化作用造成了大气氮沉降数量的急剧增加，从而对陆地及水生生态系统的生产力和稳定性造成了严重影响。 另外，大气氮沉降对土壤和水体环境、农业和森林生态系统以及生物多样性等方面都会造成影响。 因此，合理的植物营养与施肥管理对生态系统的维护也会产生直接的效益。

（四）研究植物营养与施肥的大食物观及其经济现实意义

2023 年中央提出了构建多元化食物供给体系。 目前我国森林食品消费较大的领域主要包括水果及干果，其需求占比达到了 60% 以上，此外经济林资源中常见的包括木本粮食、木本油料、菌菇类、森林蔬菜等的种植都需要较高的技术服务对接。 森林植物一般生长较慢、周期较长，但大多为多年生，一次种植可以多年获益，而这使得科学的营养管理、合理的水肥施用显得更为关键。 尤其在经济林栽培品种的推广当中，种植地土壤的状况以及微量元素的富集程度对于发展包括食用菌产业在内的林下经济栽培都具有重要的现实指导意义。 培训指导当地种植农户合理利用本地土地资源，在土壤养分与施肥管理当中对症下药，不仅仅能够进一步推广经济林及林下经济产业，扩充当地种植业产出来源，同时对于农户增收也具有现实的经济意义。

二、"植物营养与施肥"课程思政元素挖掘

（一）掌握植物营养需求规律为人才培养之本

在课程中首先需要了解植物自身的营养规律及需求，笔者将此归结为植物健康生长发育的内因，即植物营养为本。 不论在植物生长管理还是学生的培养中，事

件主体的内在驱动因素往往占据主导地位。 通过持续耐心的思政教育和引导，使学生更深刻地理解自己作为林业专业人才在社会发展中的重要地位和能够参与社会发展建设的环节，在对自己所学知识和专业进行充分认识和肯定其价值的基础上，使得学生的学习态度从被动到主动，从被迫到自觉。 在授课过程中，教师应更注重培养、寻求和发展学生学习的内因，让学生自觉地将自己的青春年华和热血奋斗投入国家的发展当中，引导学生进行主动学习[2]。 另外，老师在授课中应不仅限于理论知识层面，也需注重"授人以渔"而不是"授人以鱼"，使学生在兴趣中探索，在探索中思考，在思考中实践，达到学习效率和收获的最大化。

（二）科学合理施肥为人才培养之术

充分了解经济林木类型、不同生长阶段内在的营养代谢规律，从而在掌握其营养需求的基础上采取对症下药、合理搭配的施肥管理方法，达到经济和生态效益的双赢[3]。 我们将施肥类比为学生培养中的外因，属于培养中的术。 外因便是通过老师的引导和投入，感化学生，让学生意识到自己的所学正是国家所需，引导学生思考如何更好地将书本理论知识转化为自己的才识[4]。 即先潜移默化地激发对知识的渴求，让其理解所学知识到底所为何用，其次通过老师的引导与补充达到融会贯通、举一反三的目的，让他们利用自己所学更好地为国家社会作出贡献。 当然这一过程也对授课教师提出了更高的要求，要给学生一碗水，自己得有一桶水。在学生的培养中，教师需要不断提升和更新自己对我国经济林发展相关政策和技术的了解，同时需要教师积累深厚的自身专业知识才能给学生这棵大树施用出最为丰厚的营养。

（三）经济林施肥与人才培养中的均衡发展

植物营养与施肥管理当中需要考虑补充营养的综合协调，在实际的生产应用中需要考虑绿色农家肥与化学肥料的配合施用。 化肥最早在 19 世纪由德国人尤斯图斯·冯·李比希发明，其在生产应用中能产生快速直接的效应。 但长期施用化肥容易造成土壤板结、酸碱化、土壤微生态及营养失衡等问题，从而不利于植物生长。 而农家肥的应用则是源自自己的农事生产经验，有着更为悠久的历史。 与化肥相比，农家肥含有更为全面的营养搭配及均衡的养分，并且有利于土壤中植物促进微生物的生物多样性维护，从而能够产生更为持久健康的土壤肥力效应。 这也启示在人才培养中应兼收并蓄、均衡发展，将知识全面系统地讲授给学生。 倡导学生在掌握扎实基础知识的前提下发散思维并及时引导，使学生能够均衡发展，在做学问和做人做事上耐得住性子，循序渐进，不可偏激。

（四）经济林施肥与人才培养中的因材施教

经济林及林下经济产业资源丰富，涉及植物种类多样，在授课中教师需要引导学生掌握不同的经济林作物在不同的生长阶段对不同营养元素需求的差异，从而做到在对接一线从业人员技术服务当中做到有的放矢[5]，而这也正强调了人才培养中的因材施教。"植物营养与施肥"是一门实操性较强的课程，鼓励学生参与生产一线的设计与服务，将论文写在祖国大地上。 教师应鼓励学生带着问题进行课堂学习，可以结合产业以及区域经济发展的现实需求进行课程及专业的学习；在课堂授课与学生培养中鼓励学生在学业有成后反哺家乡，将所学知识尽早尽快地应用到生产实践中。 同时过量的氮肥施用导致的氮沉降及面源污染造成的生态及环境问题也启发我们在人才培养中切忌拔苗助长，过犹不及。

三、"植物营养与施肥"课程思政元素的课堂融入

专业课程思政元素的导入遵循的宗旨是做到"润物细无声"。 教师在课堂思政元素融入中不是为思政而思政，成功的思政元素融入是需要达到与学生共情的目的。 思政元素的融入和相关案例的列举，不仅使学生获得专业知识，还对其树立正确的世界观、人生观和价值观产生触动，坚定其投入祖国建设的决心与信念。

（一）提倡科学家精神

在授课过程中首先教导学生"科学无国界，但科学家有国界"。 要学习施肥不得不提到我国的肥料行业，从 1935 年开始建立我国第一个小型氮肥厂开始，经过侯德榜等老一辈科学家自 20 世纪 50 年代开始通过不懈努力和奋斗，对肥料的生产发展和施用、对土地的增产和温饱问题的解决作出了巨大的贡献。 随着科技的不断发展，不仅衍生出了肥田作用的肥料，更是开发出了多功能的复合营养型肥料；同时我们需要不断地创新，开发出满足不同植物不同生长发育时期的个性化需求的专用肥，以及能够调节土壤理化性状的调理剂；面对绿色可持续农林产业发展需求，开发出腐殖酸肥料、微生物菌剂复合肥，甚至是新型纳米肥料，从而为进一步将我国建设成为农林强国，建立高效粮油生产模式贡献力量。 通过学习科学家精神，不仅发挥了思政教学的效果，更为学生未来投身相关行业的科学研究指明了方向。

（二）启发式教学方式

在授课过程中我们启发学生结合不同章节的理论知识自行总结思政元素并进行分享。 在介绍植物大量营养元素的章节，来自河南的同学介绍了全国劳动模范、全国氮肥先进工作者——河南心连心化肥有限公司董事长刘兴旭，他在科技创新高效肥领域领衔与中国科学院、河南农业大学等开展的科技攻关项目及其进展；在介绍现代新型肥料的开发应用章节中，来自贵州的学生介绍了贵州西洋实业有限公司的优秀基层干部王礼富，他在开发"新型水溶肥"过程中勇于担当，带领研发团队长期超负荷工作后所取得的超预期成果；在介绍林下经济产业发展中植物资源水肥管理与栽培技术相辅相成的章节中，来自浙江的同学介绍了国家林业和林草局推介

的"国家林草乡土专家"的杰出代表——庆元县三禾元农业发展有限公司总经理、高级农技师吴剑雄如何在林下中草药种植中克服重重困难，了解不同中草药的营养需求和培育特点，带领周边百姓致富的事迹；在经济林植物资源栽培中特异性营养需求研究内容的章节中，来自福建的同学自豪地分享了他家乡的菌草综合开发利用技术国家地方联合工程研究中心主任林占熺的先进事迹。面对常食用的蘑菇如香菇、平菇、木耳等大多数木腐菌需要以常见的阔叶树种作为营养基质，从而造成林木的大量采伐和生态恶化问题，林教授数十年如一日带领团队潜心钻研，攻克了以草代木的食用菌栽培关键技术，不仅在我国更在世界食用菌种植中创造了中国名片。学生收集的信息与课堂内容精准结合，不仅使得理论知识的理解更加深刻立体，更在向先进事迹和模范的学习当中找到了自己的研究和奋斗方向，起到了事半功倍的课堂思政效果。

（三）构建多维度考核评价体系

为了更好地配合教育部"应用为王"的课程倡导[6]，我们突破了传统的仅重基础理论及专业技能掌握的教学方法，在授课过程中鼓励学生进行体恤行业疾苦、投身行业建设等方面的案例搜集。"植物营养与施肥"作为一门应用性非常强的专业课程，在考核中增加了反转课堂 PPT 交流环节，授课班级包括了 36 名学生，他们来自 28 个不同的省（自治区、直辖市），涵盖范围广泛。学生通过查阅资料结合实际走访的方式获得了大量的信息与启示，并对家乡所在地区的相关产业以及行业性先进代表人物进行了事迹总结。同时要求学生结合课程五大章节的内容讲述科学家故事，感受榜样力量。教师对课程内容的考核不仅仅注重课堂和考试周的传统考试形式，更在形式上鼓励学生关注身边事，关注平时事，并在班级微信群中分享相关思政事迹，将思政融入生活，变"要我学"为"我要学"，并将学生参与程度和效果纳入平时考核成绩。课后的教学效果统计显示学生对课堂学习产生了耳目一新的感觉，提升了其学习理论的动力和兴趣，同时通过接触林业产业前辈，能更好地理解行业挑战，增强了对榜样精神和行业敬畏精神的理解，达到了很好的课堂思政效果。

四、"植物营养与施肥"课程思政教学成效

（一）与学生互动中提升课堂效果

在授课过程中，通过师生互动、翻转课堂等形式，增强了学生主动思考、提出知识诉求的能力；教师在授课过程中通过与学生互动，使其在掌握理论知识的基础上获得了更多的案例、具体地区以及经济林植物资源种类的实践知识，达到了师生双赢的课堂效果。来自不同地域的学生通过查阅资料结合调研的方式获得了大量的信息与启示，如来自新疆的学生面对家乡生态脆弱的特点，注重抗逆品种林木资

源的筛选；来自广西柳州的学生面对城市重工业发展方向更为关注生态修复型树种功能；来自湖北、重庆一带的学生关注柑橘类产业发展；以及来自贵州的学生关注家乡药用植物金银花成分的分析及论证等。通过理论结合实际的学习，学生明白了"没有调查就没有发言权"，具体的科技指导需要前期大量而严谨的准备工作，从而激发学生学习主动性，改善了课堂授课效果。

（二）增强奉献精神，激发家国情怀

课程思政元素的融入，能更好地鞭策学生的奉献精神，更深刻地理解作为林业人在习近平总书记提出的"绿水青山就是金山银山"中作为排头兵所肩负的历史与时代赋予的使命。目前中国特色社会主义进入新时代，迈入了新征程，在这一过程当中我们作为林业人，往往需要到祖国最艰苦最需要的地方，因此要在课程中激发学生的主人翁意识与家国情怀，培养常怀感恩，勇于担当，且具有扎实专业技能的学生，教导他们以国家利益为重，把个人所学到的知识、能力与国家需求、利益联系起来，到祖国最需要的地方去，为社会发展作出自己力所能及的贡献。

（三）更好地体恤农林从业者疾苦

农林行业工作条件比较艰苦，往往需要钻入深林采集一手数据，但其所掌握的绝不仅仅只是外业能力，从业者还需要有理论分析和论文撰写的内业能力，因此要求内外兼修。通过课程思政，学生们深刻理解了行业之艰苦，但是农林业作为国家的基础产业，尤其对于作为人口大国更具有深刻的战略意义，不可或缺。同时，也体会到农林从业者工作之疾苦，"投身到祖国需要的地方去"成为学生课程学习后的共识。在课程总结和交流阶段，通过分享自己收集的案例更体会到了基层群众对技术指导人员的渴望，也更激发了学生投身奉献的坚定信念和决心，纷纷树立了"此时此刻，非我莫属"的建设祖国的豪迈气概。

参考文献

[1]丁月恒,蒋贵凰.我国"双碳"战略创新发展研究[J].合作经济与科技,2023(15):4-6.

[2]何进,陈竹,刘鸿雁.基于创新型人才培养的"植物营养与施肥"课程教学改革探讨与策略[J].大学(研究版),2021(15):48-50.

[3]刘玉林,李龙.新时期高校"经济林栽培学"课程教学改革探索[J].教育教学论坛,2019(51):93-94.

[4]战秀梅,等."植物营养与施肥"课程教学改革探索[J].农业科技与装备,2022,1(16):79-81.

[5]贾兵,郭国凌,王友煜,等.园艺植物营养诊断与矫治课程教学模式改革与实践[J].安徽农业科学,2021,49(20):273-276,282.

[6]何进,王小利,陈竹,等."植物营养与施肥"课程应用型教学改革探讨[J].才智,2021(9):91-93.